नीरज संचयन

(गोपालदास नीरज : काव्य-संचयन)

नीरज संचयन

गोपालदास नीरज : काव्य-संचयन

सम्पादक

शेरजंग गर्ग

वाणी प्रकाशन ग्रुप
भारतीय ज्ञानपीठ
वाणी प्रकाशन : भारतीय ज्ञानपीठ की पुस्तकों के एकमात्र प्रकाशक एवं वितरक

लोकोदय ग्रन्थमाला : ग्रन्थांक 1210

सजिल्द पहला संस्करण : 2014
सजिल्द दूसरा संस्करण : 2016
सजिल्द तीसरा संस्करण : 2026

वाणी प्रकाशन : भारतीय ज्ञानपीठ की पुस्तकों के एकमात्र प्रकाशक एवं वितरक

वाणी प्रकाशन

4695, 21-ए, दरियागंज, नयी दिल्ली-110 002

दूरभाष : 011-23273167, 23275710

ईमेल : sales@vaniprakashan.in

www.vaniprakashan.com

ISBN : 978-93-5775-615-0

मूल्य : ₹ 600

नीरज संचयन

(गोपालदास नीरज : काव्य-संचयन)

सम्पा. शेरजंग गर्ग

NEERAJ SANCHAYAN

(Gopaldas Neeraj : Kavya-Sanchayan)

Edited by Sherjung Garg

मुद्रक : आर. टेक ऑफ़सेट प्रिंटर्स, दिल्ली-110 032

समर्पित है

धरतीपुत्र श्री मुलायम सिंह यादव को

जिन्होंने

हिन्दी-उर्दू के साहित्यकारों को

जितना प्यार दिया है कि उसकी तुलना में

हर पुरस्कार और सम्मान

छोटा प्रतीत होता है

—गोपालदास 'नीरज', शेरजंग गर्ग

गोपालदास नीरज

लोकप्रियता का शिखर कवि

हिन्दी कविता में यों तो उन्नीसवीं सदी का प्रारम्भ ही ऐतिहासिक महत्त्व का रहा है, जब मैथिलीशरण गुप्त रचित 'भारत भारती' तथा माखनलाल चतुर्वेदी, रामनरेश त्रिपाठी, बालकृष्ण शर्मा 'नवीन' की राष्ट्रीय कविताओं के साथ-साथ बाद के वर्षों में 'कामायनी', 'राम की शक्तिपूजा', 'पल्लव', 'यामा', 'मधुशाला' जैसी कृतियाँ प्रकाश में आयीं। इसके तुरन्त बाद पाँचवें दशक में कविता ने नये मोड़ लिये। अज्ञेय द्वारा सम्पादित 'तार सप्तक' ने कविता में नयेपन की धूम मचायी तो लगभग उसी के आसपास गीति-काव्य के क्षेत्र में एक नये सितारे गोपालदास नीरज का उदय हुआ। कवि नीरज की काव्य-यात्रा सन् 1941 के दौरान आरम्भ हो गयी थी, जो आज तक जारी है। कविता में उनकी लोकप्रियता वर्तमान में भी नये-नये सोपानों का वरण कर रही है।

कवि नीरज ने अपने बाल्यकाल से ही कष्टों का सामना किया। जब वे केवल छः वर्ष के थे, उनके पिता का स्वर्गवास हो गया था। शिक्षा प्राप्त करते हुए भी उनके सामने आजीविका की चिन्ता बनी रही। उन्होंने छोटी-छोटी नौकरियाँ करते हुए काव्य-साधना को अपना मिशन बनाये रखा। उनका जीवन-संघर्ष इन पंक्तियों में मुखर होता है :

काँपती लौ, ये सियाही, ये धुआँ, ये काज़ल,
उम्र सब अपनी इन्हें गीत सजाने में कटी,
कौन समझेगा मेरी आँख की नमी का मतलब
ज़िन्दगी वेद थी पर जिल्द बँधाने में कटी।

अपने जीवन में, साहित्य-साधना में निरन्तर आगे बढ़ते हुए नीरज ने किसी भी कठिनाई के सामने घुटने नहीं टेके। उनके प्रारम्भिक रचनाकाल में लिखे गये इस गीत में यह भाव स्पष्ट होता है :

पन्थ की कठिनाइयों से मान लूँ मैं हार, यह सम्भव नहीं है।
मैं चला जब रोकने दीवार-सी दुनियाँ खड़ी थी
मैं हँसा तब भी बनी जब आँख सावन की झड़ी थी
मुस्कराकर उस समय भी गीत मैं गाता रहा था
जबकि मेरे सामने खुद लाश ही मेरी पड़ी थी,
आज है यदि देह लथपथ, रक्तमय पग, कंटकित मग
फेंक दूँ निज शीश का मैं भार यह सम्भव नहीं है।

कहना होगा कि नीरज के सामने आयी कठिन परिस्थितियों ने, आजीविका की चुनौतियों ने, क्षण-क्षण उमड़ते-घुमड़ते संघर्ष ने उन्हें एक जुझारू रचनाकार बनने में सहायता की। यह आकस्मिक नहीं है कि उनके पहले काव्य-संकलन को 'संघर्ष' शीर्षक से प्रकाशन का अवसर मिला। बाद में यही संकलन एक नये नाम 'नदी किनारे' के अन्तर्गत प्रकाश में आया।

कविता में लोकप्रियता के तमाम शिखर छूनेवाले गोपालदास नीरज ने अपने सुरीले अन्दाज़े बयाँ, मधुर स्वर, आकर्षक व्यक्तित्व तथा दिल में घर कर जानेवाली जादुई आवाज एवं सरल सहज भाषा-कौशल से श्रोताओं-पाठकों को अपना मुरीद बनाये रखा है। किसी भी कवि-सम्मेलन की अपूर्व सफलता के लिए मात्र नीरज की उपस्थिति सोने में सुगन्ध का काम करती है। नीरज का नाम सुनकर श्रोता दूरदराज़ से पहुँच जाते हैं। कहना होगा कि अपने पैंसठ साल के सक्रिय कवि-जीवन के दौरान उन्होंने हज़ारों कवि-सम्मेलनों की रौनक बढ़ायी है और हिन्दी कविता की वाचिक परम्परा को प्रतिष्ठा दिलायी है। इतना ही नहीं, नीरज को देश भर में होनेवाले कवि-सम्मेलनों में न पहुँच पाने के लिए क्षमा भी माँगनी पड़ी है। अकेले उत्तरप्रदेश में ही वर्ष भर में प्रत्येक ज़िले में दर्जनों कवि-सम्मेलन होते हैं। वहाँ किसी एक कवि का सभी में सम्मिलित हो पाना प्रायः दुष्कर होता है। पर यहाँ तो पूरा भारत देश, विश्व के अनेक देश, आकाशवाणी-दूरदर्शन के सभी केन्द्र, दर्जनों टीवी चैनलों को अपने कार्यक्रमों में नीरज की उपस्थिति की प्रतीक्षा रहती है।

कवि नीरज की काव्य-साधना का फलक अत्यन्त व्यापक रहा है। उसमें काव्य-रचना के अनेक आयाम समाहित हुए हैं। प्रारम्भ में नीरज ने जीवन की जटिलताओं और संघर्ष के साथ-साथ प्रेमपगे गीत लिखे। फिर उन्होंने यह हुंकार भी भरी—"अगर क़लम न छीनी गयी तो हिन्दुस्तान बदलकर छोड़ूँगा। मानव की क्या वाह अरे भगवान बदलकर छोड़ूँगा।" उन्होंने अपनी सुबोध गंगा-जमुनी भाषा में जन-जन तक अपनी पैठ बनाने वाले मुक्तक लिखे, गीतिकाएँ (ग़ज़लें) लिखीं,

और सन्तों के समान नीतिपरक जीवन-दर्शन से सम्पृक्त दोहे भी लिखे। काव्य के महत्त्व को रेखांकित करने वाला उनका एक दोहा इस प्रकार है :

आत्मा के सौन्दर्य का शब्दरूप है काव्य।
मानव होना भाग्य है, कवि होना सौभाग्य॥

काव्य को आत्मा के सौन्दर्य का शब्दरूप माननेवाले नीरज ने सचमुच ही काव्य के प्रति अपनी निष्ठा का परिचय दिया है।

कवि नीरज को उनके प्रशंसकों, श्रोताओं, शोधार्थियों और पाठकों के पत्र हज़ारों की संख्या में मिले हैं। कुछ को उन्होंने प्रकाशित भी कराया है। परन्तु एक महत्त्वपूर्ण योगदान नीरज द्वारा विभिन्न मन:स्थितियों, राजनीतिक स्थितियों, अन्तर्राष्ट्रीय समस्याओं पर प्रेषित उनकी काव्यात्मक पातियों/पत्रों का भी रहा है। उन्होंने मानवीय, राष्ट्रीय, अन्तर्राष्ट्रीय प्रसंगों को उठाते हुए उद्‌बोधनात्मक पातियों का सृजन किया है। सम्भवत: अन्य किसी कवि-शायर ने इतनी संवेदना-सम्पन्न पातियाँ नहीं लिखीं। इन पातियों में अन्तर्राष्ट्रीय परिस्थितियों को भी व्यक्त किया गया है। नीरज की पाती कानपुर के नाम, नील की बेटी के नाम, कश्मीर के नाम, पाकिस्तान के नाम, दक्षिण अफ्रीकी रंग-भेद नीति के नाम, कल्पना के नाम, पुरानी पीढ़ी के नाम, गीतकार के नाम, फिरका-परस्तों के नाम आदि कुछ ऐसी पातियाँ हैं, जिनमें नीरज के मानवीय, राजनीतिक, नैतिक और सामाजिक सरोकारों का परस मिलता है। ये पातियाँ उपनिवेशवादी मनोवृत्ति एवं साम्प्रदायिक शक्तियों को ललकारने का काम भी करती हैं।

आन्तरिक मानवीय सरोकार सम्पूर्ण मानवीयता के संकटों को वाणी देते हैं। नीरज की पातियों में निजी प्रेम की पीड़ा है तो समग्र मानव-समाज, राष्ट्रीय-अन्तर्राष्ट्रीय स्थितियों पर काव्यात्मक प्रतिक्रिया के दर्शन भी होते हैं। प्रिय को पत्र लिखते समय भी कवि की आँखों के सामने समय, समाज और सम्पूर्ण मनुष्यता और युद्ध की विभीषिका का परिदृश्य मौजूद रहता है :

आज की रात तुझे आख़िरी ख़त और लिख दूँ
कौन जाने ये दिया सुबह तक जले न जले!
बम्ब-वारूद के इस दौर में मालूम नहीं,
ऐसी रंगीन हवा फिर कभी चले न चले।

ज़िन्दगी सिर्फ़ है खूराक़ टैंक तोपों की
और इनसान है एक कारतूस गोली का,

सभ्यता घूमती लाशों की इक नुमाइश है
और है रंग नया खून नयी होली का।

कौन जाने तेरी नर्गिसी आँखों में कल
स्वप्न सोये कि किसी स्वप्न का मरण सोये,
और शैतान तेरे रेशमी आँचल से लिपट
चाँद रोये कि किसी चाँद का कफ़न रोये।

कवि ने अपनी किशोरावस्था और युवाकाल कानपुर में गुज़ारा था। वहाँ के जीवन, वहाँ बिताये क्षणों, आत्मीय और पीड़ा भरे प्रसंगों की मुँह बोलती तस्वीर है यह पाती जो नीरज ने कानपुर के नाम लिखी है, जिसकी कुछ पक्तियाँ इस प्रकार हैं :

कानपुर! आह! आज तेरी याद फिर आई
स्याह कुछ और मेरी रात हुई जाती है,
आँख पहले भी यह रोई थीं बहुत तेरे लिए
अब तो लगता है बरसात हुई जाती है।

तू क्या रूठा मेरे चेहरे का रंग रूठ गया
तू क्या छूटा मेरे दिल ही ने मुझे छोड़ दिया,
इस तरह ग़म में है बदली हुई हर एक खुशी
जैसे मंडप में ही दुलहिन ने हो दम तोड़ दिया।

प्यार करके भी मुझे भूल गया तू लेकिन
मैं तेरे प्यार का अहसान भुलाऊँ कैसे?
जिसके सीने से लिपट आँख है रोई सौ बार
उसकी तस्वीर से ये आँसू छुपाऊँ कैसे?

इस लम्बी कविता में नीरज ने कानपुर को बहुत पीड़ा से, बड़े प्यार से याद किया है। उससे शिकायत भी की है, उसके प्रति कृतज्ञता भी ज्ञापित की है।

पिछली शताब्दी के पाँचवें दशक में 'स्वेज नहर' पर आये संकट के अवसर पर नीरज ने 'नील की बेटी के नाम पाती' लिखी थी, जो बहुत प्रसिद्ध हुई। इस पाती में नीरज ने मिस्र के राष्ट्रपति नासिर और वहाँ की जनता को इस तरह आश्वस्त किया था :

देखना है जुल्म की रफ़्तार बढ़ती है कहाँ तक
देखना है बम्ब की बौझार बढ़ती है कहाँ तक

देखना है डॉलरी झंकार में कितना असर है
उम्र नफ़रत की बड़ी या प्यार की ज़्यादा उमर है
नील की बेटी, न घबराना, समझ से काम लेना
जब उठे तूफ़ान हिन्दुस्तान को आवाज़ देना।

इसी प्रकार 'पाकिस्तान के नाम पाती' में नीरज ने पड़ौसी देश को वैमनस्य एवं शत्रुतापूर्ण व्यवहार त्यागने का परामर्श देते हुए परस्पर सहयोग और भाईचारे की नीति अपनाने की नसीहत दी है :

है घृणा अन्धी, न सहती रोशनी उसकी नज़र है
वह न यह भी जानती, मस्जिद किधर, मन्दिर किधर है
वह बढ़ी यदि तो दुबारा कारवाँ वीरान होगा
हम भले हों, किन्तु धरती पर नहीं इनसान होगा।

वास्तविकता यह है कि कवि नीरज ने हमेशा मानवीय प्रेम, भाईचारे, सहिष्णुता, परस्पर सहयोग और संवेदनशीलता को अपनी कविता का केन्द्र बनाया है।

आधुनिक हिन्दी काव्य के क्षेत्र में प्रख्यात और शीर्षस्थ कवियों की भरमार रही है। द्विवेदी युगीन कवियों में माखनलाल चतुर्वेदी, मैथिलीशरण गुप्त, बालकृष्ण शर्मा 'नवीन', रामनरेश त्रिपाठी से लेकर छायावादियों में निराला, प्रसाद, पन्त, महादेवी एवं उनके बाद की पीढ़ी के भगवतीचरण वर्मा, रामधारी सिंह 'दिनकर', हरिवंशराय बच्चन से लेकर शिवमंगलसिंह 'सुमन', गोपाल सिंह नेपाली, नरेन्द्र शर्मा, अज्ञेय, मुक्तिबोध, भवानीप्रसाद मिश्र, नागार्जुन, त्रिलोचन, गिरिजाकुमार माथुर, धर्मवीर भारती, कुँवर नारायण जैसी अनेक विभूतियाँ हिन्दी कविता को गरिमा प्रदान करती रही हैं। लोकप्रिय गीतकारों में बलवीर सिंह रंग, वीरेन्द्र मिश्र, रामावतार त्यागी, मुकुट बिहारी सरोज, बाल स्वरूप राही आदि आदि अपनी प्रतिभा की छटा विखेरते रहे हैं। इन्हीं समस्त श्रेष्ठ रचनाकारों के मध्य नीरज की लोकप्रियता ने नये प्रतिमान स्थापित किये हैं। पिछले दिनों भारतीय ज्ञानपीठ ने एक अखिल भारतीय कवि-सम्मेलन आयोजित किया था। इसमें कैलाश वाजपेयी, अनामिका, लीलाधर मंडलोई, दिनेश कुमार शुक्ल, उमेश चौहान, अरुण कमल, जितेन्द्र श्रीवास्तव के साथ-साथ गोपालदास नीरज और केदारनाथ सिंह ने भी भाग लिया था। इस अवसर पर कवि केदारनाथ सिंह ने नीरज को हिन्दी ही नहीं, समस्त भारतीय भाषाओं के सर्वाधिक लोकप्रिय कवि के रूप में सम्बोधित किया था।

नि:सन्देह गोपालदास नीरज की लोकप्रियता उनके मनोरम काव्यपाठ, सुदर्शन व्यक्तित्व, संवेदन-सम्पन्न मानवीय अनुभूतियों को अत्यन्त हृदयग्राही सरल-सरस भाषा में अभिव्यक्त हुई है। वह पाठक एवं श्रोता के मर्म का स्पर्श करती है। नीरज सामान्य जन के गीतकार एवं कवि होते हुए भी विशिष्ट जनों के रचनाकार भी हैं। पिछले दिनों आफ़ताव आफरीदी द्वारा नीरज पर बनाये गये वृत्त चित्र 'एक कवि है मस्त फ़कीर' के लोकार्पण के अवसर पर कविवर उदयप्रताप सिंह की उपस्थिति में इन पंक्तियों के लेखक ने राजधानी के सैकड़ों मीडियाकर्मियों और बुद्धिजीवियों को कविवर नीरज का स्वागत करते हुए देखा था। कहना होगा कि यह कार्यक्रम नीरज-काव्य के प्रेमियों का मनभावन संगम बन गया था।

मुझे स्मरण नहीं कि भारतरत्न, स्वर-कोकिला लता मंगेशकर अथवा दिलकश ग़ज़ल गायक स्वर्गीय जगजीत सिंह ने कभी लगातार तीन घंटे तक बिना किसी विराम के अपना कार्यक्रम प्रस्तुत किया हो। दिल्ली के फिक्की सभागार में हिन्दी अकादमी द्वारा आयोजित एक काव्य-पाठ में कवि नीरज ने खचाखच भरे हाल के श्रोताओं को मन्त्रमुग्ध करने का कार्य भी किया है। ऐसे दृष्टान्त सचमुच कवि नीरज की अद्‌भुत स्मरण शक्ति का परिचय तो देते ही हैं, काव्य-प्रेमियों द्वारा उनके प्रति व्यक्त भावनाओं को भी उद्‌घाटित करते हैं। शायद इसीलिए नीरज ने इन पंक्तियों के माध्यम से अपनी शोहरत की शिकायत भी की है :

तुझ-सी शोहरत न किसी को भी मिले ऐ नीरज
फूल भी फेंके गये तुझपे तो पत्थर की तरह

और,

इतने बदनाम हुए हम तो इस ज़माने में
लगेंगी आपको सदियाँ हमें भुलाने में।

एक बात और। कुछ आलोचकों ने नीरज को मात्र शृंगार का कवि माना है और उनके महत्त्व को कम आँकने की कोशिश की है। हमारी मान्यता है कि नीरज आन्तरिक शृंगार के कवि हैं। उनका प्रेम ज़िस्मानी नहीं, इनसानी और रूहानी है। मानवीय गुणों का शृंगार करने वाले कवि को भला इस तरह के हल्के शृंगार से क्या लेना देना? वह तो आदमी को आदमी बनाये रखने के लिए ही प्रयत्नशील रहे हैं।

नीरज के दोहों में सन्त कवियों की मार्मिकता, नीतिपरकता तथा आध्यात्मिकता है तो उनकी रुवाइयों और ग़ज़लों में उस्ताद शायरों की मार्मिकता तथा चुस्ती-दुरुस्ती, उनके गीतों में आन्तरिक सौन्दर्य एवं संवेदना की विशिष्ट लय तथा

कविताओं में नवजागरण के उद्घोष के साथ-साथ जुल्म और अन्याय को चुनौती देने का अदम्य साहस दिखाई देता है। अपनी युवा अवस्था में भी कवि नीरज में युवाओं का-सा उत्साह तथा नैतिक गरिमा और आत्म-विश्वास दिखाई देता है। उनके रचनापाठ में उनके व्यक्तित्व की रंगत आज भी मुग्ध करती है। उनमें ओज के साथ-साथ सोज का मिश्रण उन्हें अनुपम बनाता है, जब वे यह कहते हैं :

अब ज़माने को ख़बर कर दो कि 'नीरज' गा रहा है
जो झुका है वह उठे अब सर उठाये
जो रुका है वह चले नभ चूम आये०
जो लुटा है वह नये सपने सजाये
ज़ुल्म, शोषण को खुली देकर चुनौती,
प्यार अब तलवार को बहला रहा है
अब ज़माने को ख़बर कर दो कि नीरज गा रहा है।

कवि नीरज सचमुच अपनी मुग्धकारी वाणी, बोधगम्य भाषा और मार्मिक अनुभूतियों से सामान्य से लेकर विशिष्ट जनों को प्रभावित करने की क्षमता रखते हैं।

बी-290, सुशान्त लोक-I
गुड़गाँव-122002

—शेरजंग गर्ग

अनुक्रम

गोपालदास नीरज

काव्य-संचयन

मुक्तक

शब्द तो शोर है, तमाशा है,
भाव के सिन्धु में बताशा है,
मर्म की बात होंठ से न कहो
मौन ही भावना की भाषा है।

देह तो सिर्फ़ साँस का घर है,
साँस क्या? बोलती हवा भर है,
तुम मुझे अच्छा-बुरा कुछ न कहो
आदमी वक़्त का हस्ताक्षर है।

आदमी ने वक़्त को ललकारा है,
आदमी ने मौत को भी मारा है,
जीते हैं आदमी ने सारे लोक
आदमी ख़ुद से मगर हारा है।

आदमी फौलाद को पी सकता है,
आदमी चट्टान को सीं सकता है,
यह तो सब ठीक, मगर प्यार बिना
आदमी कहीं भी न जी सकता है।

सपनों पे जमी गर्द बुहारी न गई,
गीतों में टँकी याद बिसारी न गई,
हर हाल में जीने का सबक़ सीख लिया,
पर प्यार बिना उम्र गुज़ारी न गई।

चल रहे हैं जो उन्हें चलके डगर में देखो,
तैरने वाले को तट से न, लहर से देखो,
देखना ही है जो इनसान में भगवान तुम्हें,
आदमी को ही आदमी की नज़र से देखो।

जहाँ भी जाता हूँ सुनसान नज़र आता है,
हरेक सिम्त बियाबान नज़र आता है,
कैसा है वक़्त जो इन दिन के उजाले में भी
नहीं इनसान को इनसान नज़र आता है।

चाह तन-मन को गुनहगार बना देती है,
बाग़-के-बाग़ को बीमार बना देती है,
भूखे पेटों को देशभक्ति सिखाने वालो!
भूख इनसान को गद्दार बना देती है।

क्या करेगा प्यार वह भगवान को?
क्या करेगा प्यार वह ईमान को?
जन्म लेकर गोद में इनसान की
प्यार न कर पाया जो इनसान को।

जो मुसीबत में न हारे उसे इनसान कहो,
अन्य के मुख पे हँसे तो उसे शैतान कहो,
किन्तु जो ख़ुद को मिटाकर के दे बग़िया को बहार
ऐसे दीवाने को भगवान का भगवान कहो।

ज्ञान तो बस बुद्धि का खिलवाड़ है,
ध्यान-जप-तप ढोंग का दरबार है,
मन्दिरों से व्यर्थ ही मारो न सिर!
आदमी का धर्म केवल प्यार है।

पत्थरों के ओ पुजारी न मुझे और भुला,
दायरा और तेरा द्वार भी हर देख लिया,

तू तो इनसान में इनसान भी न देख सका,
मैंने इनसानमें भगवान मगर देख लिया।

मूर्ख पुजारी है वह जो कहता है मन्दिर ईश्वर का घर
मुल्ला भी वह बहका है जो कहता वह मस्जिद के अन्दर,
मन्दिर-मस्जिद में ही उनका ईश्वर और ख़ुदा होता तो
मन्दिर में बन सकती मस्जिद, मस्जिद में बन सकता मन्दिर!

एक दिन में ही अमृत सारा, ज़हर बन जाए,
एक दिन में ही महल टूटा, यह घर बन जाए,
देवता बनने-बनाने की कोशिशें जो छोड़—
सिर्फ़ इनसान ही, इनसान अगर बन जाए।

हर सुबह शाम की शरारत है,
हर हँसी अश्रु की तिजारत है,
मुझसे पूछो न अर्थ जीवन का—
ज़िन्दगी मौत की इबारत है।

चीज़ एक है जो अभी खोके अभी खोनी है,
बात एक है जो अभी होके अभी होनी है,
ज़िन्दगी नींद है वह जागकर आने वाली
जो अभी सोके, अभी सोई, अभी सोनी है,

कफ़न बढ़ा तो किस लिए नज़र तू डबडबा गई?
सिंगार क्यों सहम गया, बहार क्यों लजा गई?
न जन्म कुछ, न मृत्यु कुछ, बस इतनी सिर्फ़ बात है—
किसी की आँख खुल गई, किसी को नींद आ गई।

बाग़ को देख तो फिर सिर्फ़ फूल-पात न देख,
यानी पहचान खिलाड़ी को बस बिसात न देख,
मेरी डोली की ग़रीबी पे ओ हँसने वाले!
मेरी दुलहन को देख, लौटती बारात न देख।

सबने बहलाई मगर आँख डबडबा ही गई,
एक अनबूझ उदासी-सी दिल पे छा ही गई,
कोशिशें कीं तो बहुत तुझको भुलाने की मगर
चाँदनी रात में कल तेरी याद आ ही गई।

बीच अपने है जो परदा वह उठा देता हूँ,
ज्ञान को भक्ति के हाथों से सजा देता हूँ,
अब जो आती है कभी याद मुझे तेरी तो
अपनी तसवीर ही सीने से लगा लेता हूँ।

कोई माया, कोई भ्रम-भय न रहा,
कोई परदा, कोई संशय न रहा
शक्ल आईना तेरी क्या जाने?
तू रहा पास तो फिर मैं न रहा।

डबडबाया है जो आँसू यह मेरी आँखों में
इसको तेरे किसी अहसान की दरकार नहीं,
जो इबादत भी करे, और शिकायत भी करे
प्यार का है वह बहाना तो मगर प्यार नहीं!

कभी शरमाये हुए और क़भी घबराए,
रोज़ तुम मेरे खयालों में इस तरह आए,
जैसे बरसात के दिन सूने किसी खँडहर में
चाँद बादल से कभी झाँके, कभी छुप जाए।

शोख़ शीशा सलिल नहीं होता,
अंश है वह अखिल नहीं होता,
बावले! किसको सुनाता है व्यथा
रूप के पास दिल नहीं होता।

कहना चाहा तो मगर बात बताई न गई,
दर्द को शब्द की पोशाक पिन्हाई न गई,

और फिर ख़त्म हुई ऐसे कहानी अपनी
उनसे सुनते न बनी, हमसे सुनाई न गई।

हर जगह साँसें ये रही मगर रही न गई,
बात ऐसी थी कही तो मगर कही न गई,
इस तरह गुज़री तेरी याद में हर एक सुबह
पीर ज्यों कोई सही तो हो पर सही न गई!

आह वह रूप, वह यौवन, वह निरी शोख़ छटा
जिसने देखी न तेरे दर से वो फिर दूर हटा,
गोरे मुखड़े पे वो बिखरी हुई बालों की लटें
चाँद को जैसे लिए गोद हो सावन की घटा।

तन हो न गुनहगाार यह कब मुमकिन है?
मन हो न ख़तावार यह कब मुमकिन है?
जब रूप लजा करके उठाए घूँघट
यौवन न करे प्यार यह कब मुमकिन है?

आग है ये तो न ये आग कभी भी कम हो,
रूप है ये तो न ये रूप कभी भी ख़म हो,
काले बालों में वह मोती की लड़ी क्या कहना
जैसे मावस के झरोखे में खड़ी पूनम हो।

सुख की ये घड़ी एक तो जी लेने दो;
चादर ये फटी स्वप्न की सी लेने दो,
ऐसी तो घटा फिर न कभी छाएगी
प्याला न सही, आँख से पी लेने दो।

हर पात्र तो निस्सार हुआ करता है,
आईना तो बस आकार हुआ करता है,
ऐ दोस्त! न बदनाम करो प्यासों को
मौसम ही गुनहगार हुआ करता है!

प्यार की पीर को नफ़रत की गली मत ले जा,
उम्र के हाथ से ये शम्मा जली मत ले जा,
ख़ुद ही सब तोड़ रहे हैं तेरी महफ़िल में दम
मरने वालों की ये आँसू की कली मत ले जा!

कितना ठंडा है हाथ शबनम का,
कितना गीला है आसमाँ ग़म का,
जाने वाले! ज़रा उधर तो देख
कैसा निकला है चाँद पूनम का।

चाँद को द्वार से यूँ ही न पलट जाने दो,
बीच में जो भी है परदा वह उलट जाने दो,
उम्र सारी पड़ी मान-मनौवल के लिए
आज की रात तो यह प्यार से कट जाने दो।

आज आएँगे वो गीतों को ज़रा चुप कर दो
चाँद को नभ से उतारो औ दुआरे धर दो
चलके आते हैं थके होंगे, चरण धोने को
आँसू ये कम हैं, ज़रा आँख में शबनम भर दो।

पीर ऐसी घटा कि छाई है,
ठंडी यह साँस ही पुरवाई है,
तुझको मालूम क्या है, आज यहाँ
बरखा बादल के बिना आई है!

है नहीं कोई कमी, पर कुछ कमी लगती है दोस्त!
मुस्कराती आँख भी हर शबनमी लगती है दोस्त!
है बिछुड़ तुझसे गई जब से उमर की राधिका
तब से अपनी साँस तक भी अजनबी लगती है दोस्त!

मेरी आवाज़ में तेरी लहर मालूम होती है,
शबे-ग़म में उतरती-सी सहर मालूम होती है,

निगाहे चार सब से हो गईं तुझसे अरे ज़ालिम?
मुझे मेरी नज़र तेरी नज़र मालूम होती है।

काटनी थी ही सो यह कट ही गई उम्र मगर
इस तरह गुज़री हरेक रात सुबह लाने में,
जैसे फट जाए कोई क़ीमती रेशमी साड़ी
नीचे पल्लू के ज़मीं गर्द के धुलवाने में।

दिन जो निकला तो पुकारों ने परेशान किया!
रात आई तो सितारों ने परेशान किया,
ग़र्ज़ है ये कि परेशानी कभी कम न हुई
बीता पतझर तो बहारों ने परेशान किया!

जहाँ मैं हूँ वहाँ उम्मीद पैहम टूट जाती है,
जवानी हाथ मल-मलकर वहाँ आँसू बहाती है,
चमन है, फूल है, कलियाँ हैं, ख़ुशबू भी है, रंगत भी
मगर आकर वहाँ बुलबुल तराने भूल जाती है।

रत्न तो लाख मिले, एक हृदय-धन न मिला,
दर्द हर वक़्त, मिला, चैन किसी क्षण न मिला,
खोजते, खोजते ढल धूप गई जीवन की
दूसरी बार मगर लौट के बचपन न मिला।

उड़ने के लिए ही जो है बनी, वह गन्ध सदा उड़ती ही है,
चढ़ने के लिए ही जो है बनी, वह धूम सदा चढ़ती ही है,
अफ़सोस न कर सलवट है पड़ी गर तेरे उजले कुरते में
कपड़ा तो है कपड़ा ही आख़िर कपड़ों पे शिकन पड़ती ही है।

सुख न सहचर ही, लुटेरा भी हुआ करता है,
ख़ुशी में ग़म का बसेरा भी हुआ करता है,
अपनी क़िस्मत की सियाही को कोसने वालो!
चाँद के साथ अँधेरा भी हुआ करता है।

लहर गई तो गई, तोड़ किनारे भी गई,
छुटी उम्मीद तो सब छोड़ सहारे भी गई,
सुख की ऐ रात! तू जाती तो न कोई ग़म था
मगर न तू ही गई लेके सितारे भी गई!

हर दिवस शाम में ढल जाता है,
हर तिमिर धूप में जल जाता है,
मेरे मन! इस तरह न हिम्मत हार
वक़्त कैसा हो, बदल जाता है।

हर गली गुनगुनाना ग़लती है,
हर समय मुस्कुराना ग़लती है,
प्यार बस एक बार होता है
हर जगह सिर झुकाना ग़लती है।

दीप कहने से नहीं जलता है,
फूल हँसने से नहीं खिलता है,
प्यार रो-रोके माँगने वाले!
प्यार माँगे से नहीं मिलता है!

ख़ुशी जिसने खोजी वह धन लेके लौटा,
हँसी जिसने खोजी चमन लेके लौटा,
मगर प्यार को खोजने जो चला वह
न तन लेके लौटा, न मन लेके लौटा।

धरा तपी तो गगन आँख में जल भर लाया,
उगा जो चाँद समन्दर में ज्वार लहराया,
मगर ऐ दोस्त! मेरा क़ाफ़िला लुटा जिस दम
न कोई आँख भरी, न किसी को प्यार आया!

वह न लेन-देन, हानि-लाभ नहीं है,
भिन्न है अभिन्न, गुणा-भाग नहीं है,

क्या दिया है, क्या लिया है, यह तनिक न सोच
प्यार सिर्फ़ प्यार है, हिसाब नहीं है।

रात इधर ढलती तो दिन उधर निकलता है,
कोई यहाँ रुकता तो कोई वहाँ चलता है,
दीप और पतंगे में फ़र्क़ सिर्फ़ इतना है
एक जलके बुझता है, एक बुझके जलता है।

चाँद से, सूर्य से, शोलों से, सितारों से खेल,
फूल से, धूल से, पतझर से, बहारों से खेल,
ज़िन्दगी खेल है कोई नहीं साथी तो क्या?
शीश पर ओढ़ कफ़न और अंगारों से खेल।

मुस्कान किसी दिल की चुभन क्या जाने?
मखमल किन्हीं काँटों की चुभन क्या जाने?
आँधी के गले बाँह न डाली जिसने
वह ज़िन्दगी जीने का चलन क्या जाने?

चाँद निकला तो अँधेरा भी मुस्कराने लगा,
फूल जो महका तो काँटों पे नशा छाने लगा,
प्यार का ही तो वो जादू था जो मिट्टी का सितार
शब्द कोई न हुआ और गुनगुनाने लगा।

रजकण को बिना चूमे कंचन है मिला किसको?
काँटों में बिना घूमे मधुबन है मिला किसको?
तू देख के कुछ मुश्किल क्यों हार गया हिम्मत?
देहरी को बिना लाँघे आँगन है मिला किसको?

सिर्फ़ दामन ही छुड़ाने को रुका था राह पर,
और मेरा कारवाँ सौ कोस आगे बढ़ गया।
तय करूँ जब तक कि किस तरु पर बनाऊँ घोंसला—
हाय, इतनी देर में ही बाग़ पीला पड़ गया!

उनकी ख़ातिर तो यहाँ हमको बदलना ही पड़ा,
चाँद बनने के लिए सूर्य को ढलना ही पड़ा,
नभ के तारे न करें व्यंग्य कहीं धरती पर
इसलिए रात में हर दीप को जलना ही पड़ा।

हर सुबह फूल की जवानी है,
हर हँसी धूल की जवानी है,
नाख़ुदा पार मत लगा किश्ती
हर लहर कूल की जवानी है।

अश्रु के हाथ धनी उम्र को नीलाम न कर,
बेसमय फूल के आँगन में कहीं शाम न कर,
प्यार तो वह है जो शबनम को बना दे मोती
आह भर-भरके अरे, प्यार को बदनाम न कर!

राह वह चल कि जहाँ चलके छूटना न पड़े,
प्यार वह कर कि जिसे करके रूठना न पड़े,
अपने टूटे हुए सपनों पे ओ रोने वाले!
इस तरह रो कि किसी दिल को टूटना न पड़े।

आँसू से कहो बरसे, मगर रोये नहीं,
शबनम से कहो बिखरे, मगर खोये नहीं,
पीने का मज़ा तो है तभी ऐ साक़ी!
मयखाना सभी झूमे मगर सोये नहीं।

दिन से पहले भी कभी सूर्य निकल आता है,
रात से पूर्व कभी दीप भी जल जाता है,
इस तरह से भी कभी लेती है करवट धरती
हम बदल पाते नहीं, वक़्त बदल जाता है।

सूखे हुए सब घाव चमन के महक गये,
यूँ फूल खिले जैसे अंगारे दहक गये,

भौंरे तो थे भौंरे, कहें हम उनका हाल क्या
ऐसी बहार आई कि माली बहक गये।

फूल तो फूल लूटे जाते हैं दीवाने यहाँ,
दीप तो दीप बिके जाते हैं परवाने यहाँ,
साक़ी! यह कैसी शरारत है तेरी नज़रों की?
बात मज़हब की जो करने लगे मयखाने यहाँ।

लौ से साया न उठा आँचल का,
जलती बाती पे न पानी छलका,
घर के मालिक? तुझे मालूम नहीं
दीप हर एक है सूरज कल का।

होने पे सुबह कर कली निखरती है,
चन्दा के उगे रात भी सँवरती है,
हँसते हुए चेहरों को ओढ़ाओ न नक़ाब
मुस्कराये जवानी तो मौत मरती है।

है भोर, कहीं किन्तु किरन तक भी नहीं है,
मधुमास है फूलों पे खिलन तक भी नहीं है,
आज़ादी कहें इसको कि बरबादी कहें हम
लाशों पे ओढ़ाने को कफ़न तक भी नहीं है।

बन गये हुक्काम वे सब जो कि बेईमान थे,
हो गये लीडर की दुम जो कल तलक दरबान थे,
मेरे मालिक! और तो सब हैं सुखी तेरे यहाँ,
सिर्फ़ वे ही हैं दुखी जो कुछ न बस इनसान थे।

जो भी मोटी थी तिज़ोरी और मोटी हो गई,
जो भी थी छोटी कुटी, वह और छोटी हो गई,
बाँटने वाले! तराजू कौन ली है हाथ में
पाई तो पैसा बनी, धोती लँगोटी हो गई।

ढब रूठने के और, मनाने के और हैं,
हँसने के और, रोने-रुलाने के और हैं,
लीडर को कहो गाय न, हाथी ही पुकारो,
खाने के दाँत और, दिखाने के और हैं।

ज़िन्दगी है शक्ति भी, वह सिर्फ़ कमज़ोरी नहीं है,
दान का ही पात्र है वह भीख की झोरी नहीं है,
चोर-बाज़ारी करो मत साँस के व्यापार में
ज़िन्दगी है ज़िन्दगी, सीमेंट की बोरी नहीं है।

माँ है वह सख़्त भी होकर न क्रूर होती है,
मैली है फिर भी ये धरती न धूर होती है,
पाँव से रौंदो नहीं, शीश पे धारो उसको
दोस्तो! देश की मिट्टी सिंदूर होती है।

सोओ न तो फिर रात गई लगती है,
हो प्यार तो फिर सुबह हुई जगती है,
गर ठीक से हम ज़िल्द बदल डालें तो
पुस्तक हो पुरानी भी नई लगती है।

सूने गमलों में कलियाँ खिलाओ तो तुम,
बुझते दीपों में बाती जलाओ तो तुम,
जगमगाने लगेगा महल-सा यह घर
कालिमा पे सफ़ेदी कराओ तो तुम।

जाए जिस ओर ज़माना, तुम उसे जाने दो,
गा रहा हो जो समय, गीत उसे गाने दो,
चाहते ही हो बनाना जो नया हिन्दोस्तान
देश की धूल को हँसने दो, मुसकराने दो।

मुरझे हुए चेहरों को खिलाना होगा,
बुझते हुए दीपों को जलाना होगा,

जो चाहते हो घर में दरारें न रहें
कुटियों से हवेली को मिलाना होगा।

छेड़ने पर मौन भी वाचाल हो जाता है, दोस्त!
टूटने पर आईना भी काल हो जाता है, दोस्त!
मत करो ज़्यादा हवन तुम आदमी के ख़ून से
जल के काला कोयला भी लाल हो जाता है, दोस्त!

राह हो साफ़ तो रफ़्तार में सब चलते हैं,
वायु अनुकूल हो तो फूल सभी खिलते हैं,
किन्तु इस रात में कुछ ऐसे दीये भी हैं जो
जितना तुम उनको बुझाओ वे उतना जलते हैं।

दुखते हुए घावों पे हवा कौन करे?
इस हाल में जीने की दुआ कौन करे?
बीमार हैं जब ख़ुद ही हकीमाने-वतन
फिर तेरे मरीज़ों की दवा कौन करे?

बिन बुलाए भी कभी मेहमान आ जाते हैं घर,
ज्वार के संग भी कभी जलयान आ जाते हैं, घर
घर के राजा! मत किसी से बोल कड़ुवे बोल तू
भिक्षु बनकर भी कभी भगवान आ जाते हैं घर।

था कंठ अपना ही बेसुरा, तार तो कोई बेसुरा न देखा
थी शक्ल अपनी ही नक़्ल, शीशा तो कोई खोटा-खरा न देखा,
न दोष तुमको, न दोष हमको, यह अपनी-अपनी नज़र है भाई!
कि तुमने कोई भला न देखा, कि हमने कोई बुरा न देखा।

रात काली, इसलिए दिन में गुराई है,
साफ़ है जल क्योंकि तट के पास काई है,
यूँ न इतराओ सफ़ेदी देखकर अपनी
हर धुली चादर गुनाहों की कमाई है!

हम ही नहीं महफ़िल में रसिक और भी हैं
हम ही नहीं कुछ हमसे अधिक और भी हैं
दुर्घटना सड़क पर न कभी हो जो अगर
हम याद रखें पथ में पथिक और भी हैं।

काशी-मथुरा, यह त्रिवेणी, यह पुरी, यह संगम,
कुछ नहीं, मन को है भरमाने के केवल साधन,
साफ़ गर दिल है तेरा और नीयत साबित है
तू जहाँ उम्र बिता ले है वहीं वृन्दावन!

प्यार का फ़र्ज़ है हर हद से जुदा हो जाना,
यानी हर शक्ल के कर्ज़ों से अदा हो जाना,
ज्ञान को ध्यान को ओ धर्म समझने वालो!
प्रेम मज़हब का है आदम का ख़ुदा हो जाना।

हर आँख यहाँ यूँ तो बहुत रोती है,
हर बूँद मगर अश्क नहीं होती है,
पर देख के रो दे जो ज़माने का ग़म
उस आँख से आँसू जो गिरे मोती है।

हर तिलक-बिन्दु को सौभाग्य की रोली न समझ,
हर कुसुम हार को फूलों की ठिठोली न समझ,
स्वर बदल के भी कभी आती है नफ़रत नज़दीक
हर मधुर बोल को तू प्यार की बोली न समझ!

लेखनी अश्रु की स्याही में डुबाकर लिक्खो!
दर्द को प्यार से सिरहाने बिठाकर लिक्खो!
ज़िन्दगी कमरों-किताबों में नहीं रहती है,
धूप में जाओ, पसीने में नहाकर लिक्खो!

तुम जो निरुद्देश्य लिखे जाते हो,
लिखना यह बेटिकट सफ़र है दोस्त!

रास्ते में ही कहीं चेक न तुम हो जाओ
सिर्फ़ यही, सिर्फ़ यही, सिर्फ़ यही डर है दोस्त!

हाँ तो लिखते हो, किताबों को मगर मत चाटो,
कैंची है हाथ तो आँसू के पंख मत काटो,
ख़ुद से आज़ाद ही होने की कला है कविता
दर्द को जाके ख़रीदो और प्यार को बाँटो।

गीत आकाश को धरती का सुनाना है मुझे,
हर अँधेरे को उजाले में बुलाना है मुझे,
फूल की गंध से तलवार को सर करना है
और गा-गाके पहाड़ों को जगाना है मुझे।

मँझधार में कूदूँ तो वह साहिल बन जाए,
पत्थर को भी जो छू लूँ तो वह दिल बन जाए,
गर होश में ही अपने रहूँ मैं ऐ दोस्त!
जिस ठाँव रुके पाँव वो मंज़िल बन जाए।

हर रीते हुए पात्र को हम भर देंगे,
हर तम की मुँडेरों पे सुबह धर देंगे,
तुम खोजा करो स्वर्ग गगन में जाकर
हम स्वर्ग इसी भूमि को लाकर देंगे।

खोजने तुम को गया मठ में विकल अरमान मेरा,
पत्थरों पर झुक न पाया पर सरल शिशु-ध्यान मेरा,
जन-जर्नादन की चरण-रज किन्तु जब सिर पर चढ़ाई
मिल गया मुझको सहज उस धूल में भगवान मेरा।

गो परीशाँ हूँ बहुत रूप की इस बस्ती में,
फिर भी इस बाग़ से बाहर न निकल पाता हूँ,
ढीठ काँटों से जो दामन मैं बचाता हूँ तो
शोख़ फूलों की निगाहों से उलझ जाता हूँ।

रागिनी एक थी आँसू की मेरी उम्र मगर,
रही जहाँ भी वहाँ रोशनी लुटाके रही,
और जब ख़त्म हुई मेरी कहानी जग में
आधी दीपक ने कही, आधी पतंगे ने कही।

याद बन-बन के कहानी लौटी,
साँस हो-हो के विरानी लौटी,
लौटे सब ग़म जो दिये दुनिया ने
किन्तु जाकर न जवानी लौटी।

कहने को तो आज़ादी यहाँ सबको मिल गई,
जो सुबह हुई थी वह तनिक और खिल गई,
लेकिन जो बाँचता हूँ मैं तक़दीर देश की
लगता है क़लम है वही, स्याही बदल गई।

लग रहा है, और भी कोई लहर आने को है,
इस सहर के बाद फिर कोई सहर आने को है,
रक्तख़ोरो! पढ़ सको तो पढ़ लो अपना मर्सिया
फिर नये विद्रोह की कोई ख़बर आने को है।

हम टूटे, कभी सिमटे, कभी बिखरे हैं,
हर हाल में हम और मगर निखरे हैं,
जिस दरिया में डूबे हैं हज़ारों बेड़े
उस दरिया में हम डूब के पार उतरे हैं।

हाथों में वो शोणित से भरा घट लेगा,
कांधे पे उजालों का अरुण पट लेगा
ऐ तख़्तनशीनी! न यूँ ग़फ़लत में रहो
इतिहास अभी फिर कोई करवट लेगा।

जल्दी ही बहुत पाप का घट भरता है—
तब अपने भी साये से बशर डरता है,
तू ज़ुल्म करे और न मिटे—नामुमकिन
रे वक़्त किसी को न क्षमा करता है।

इस शहर की हर एक सड़क गन्दी है
सूरज की किरन भी यहाँ अन्धी है।
तू चम्पा, चमेली का यहाँ ज़िक्र न कर
इस बाग़ में हर ख़ुश्बू पे पाबन्दी है।

वक़्त की चाल है अजब प्यारे
पल में प्यादे वज़ीर बनते हैं
और कभी यक ज़रा-सी ग़लती पर
शाहज़ादे फ़क़ीर बनते हैं।

कोई जाने नहीं वो किसकी है
वो न तेरे न मेरे बस की है
राजसत्ता तो एक वेश्या है
आज इसकी तो कल वो उसकी है

नेताओं ने गाँधी की क़सम तक बेची
कवियों ने निराला की क़लम तक बेची
मत पूछ कि इस दौर में क्या-क्या न बिका
इनसान ने आँखों की शरम तक बेची।

तू कवि है तो फिर काव्य को बदनामा न कर
जो मन में गन्दगी है उसे आम न कर
कविता तू जिसे कहता वो बेटी है तेरी
चौराहे पे लाकर उसे नीलाम न कर।

क्या कहें यार हमें यारों ने क्या-क्या समझा
क़तरा समझा तो किसी ने हमें दरिया समझा
सबने समझा हमें वैसा जिसे जैसा भाया
और जो हम थे वही तो न ज़माना समझा।

ख़ुशबू-सी आ रही है

ख़ुशबू सी आ रही है इधर जाफ़रान की
खिड़की खुली है फिर कोई उनके मकान की।

हारे हुए परिन्दे ज़रा उड़के देख तो
आ जाएगी ज़मीन पे छत आसमान की।

बुझ जाए सरेशाम ही जैसे कोई चिराग़
कुछ यूँ है शुरुआत मेरी दास्तान की।

ज्यों लूट लें कहार ही दुलहिन की पालकी
हालत यही है आजकल हिन्दोस्तान की।

औरों के घर की धूप उसे क्यों पसन्द हो
बेची हो जिसने रोशनी अपने मकान की।

ज़ुल्फ़ों के पेचो-ख़म में उसे मत तलाशिए
ये शायरी ज़ुबाँ है किसी बेज़ुबान की।

'नीरज' से बढ़के और धनी कौन है यहाँ
उसके हृदय में पीर है सारे जहान की।

अब के सावन में

अब के सावन में शरारत ये मेरे साथ हुई
मेरा घर छोड़के कुल शहर में बरसात हुई।

आप मत पूछिए क्या हमपे सफ़र में गुज़री?
था लुटेरों का जहाँ गाँव वहीं रात हुई।

ज़िन्दगी-भर तो हुई गुफ़्तगू ग़ैरों से मगर
आज तक हमसे हमारी न मुलाक़ात हुई।

हर ग़लत मोड़ पे टोका है किसी ने मुझको
एक आवाज़ तेरी जब से मेरे साथ हुई।

मैंने सोचा कि मेरे देश की हालत क्या है
एक क़ातिल से तभी मेरी मुलाक़ात हुई।

रंग ऋतु के

रंग ऋतु के बदल गये होंगे
वो जिधर से निकल गये होंगे।

रात बाज़ार में अँधेरा था
खोटे सिक्के भी चल गये होंगे।

तुमसे होकर जुदा सभी आँसू
गीतों-ग़ज़लों में ढल गये होंगे।

इक सदी तक न वहाँ पहुँचेगी दुनिया सारी
एक ही घूँट में मस्ताने जहाँ तक पहुँचे।

एक इस आस पे अब तक है मेरी बन्द ज़ुबाँ
कल तो शायद मेरी आवाज़ वहाँ तक पहुँचे।

चाँद को छूके चले आए हैं विज्ञान के पंख
देखना ये है कि इनसान कहाँ तक पहुँचे।

जब चले जाएँगे हम

जब चले जाएँगे हम लौट के सावन की तरह,
याद आएँगे प्रथम प्यार के चुम्बन की तरह।

ज़िक्र जिस दम भी छिड़ा उनकी गली में मेरा,
जाने शरमाए वो क्यों गाँव की दुल्हन की तरह!

मेरे घर कोई ख़ुशी आती तो कैसे आती?
उम्र-भर साथ रहा दर्द महाजन की तरह।

कोई कंघी न मिली जिससे सुलझ पाती वो
ज़िन्दगी उलझी रही ब्रह्म के दर्शन की तरह।

दाग़ मुझ में है कि तुझ में यह पता तब होगा,
मौत जब आएगी कपड़े लिए धोबन की तरह।

हर किसी शख़्स की क़िस्मत का यही है क़िस्सा,
आए राजा की तरह, जाए वो निर्धन की तरह।

जिसमें इनसान के दिल की न हो धड़कन 'नीरज'
शायरी तो है वह अख़बार की कतरन की तरह।

यूँ ही ये बाग़

यूँ ही ये बाग़ ये जंगल होंगे
हम हैं पंछी न यहाँ कल होंगे।

पहले ऐसी तो उमस थी न कभी
लगता है ज़ोर के बादल होंगे।

अब तो मैदान में आना होगा
प्रश्न काग़ज़ पे' न ये हल होंगे।

फूल उतना ही वो नाज़ुक होगा
जिसमें जितने ही अधिक दल होंगे।

हमने इक गाँव में रोपा था जिन्हें
उन दरख़्तों में तो अब फल होंगे।

वो न मुँह खोल के बाहर निकलें
लोग बेकार ही पागल होंगे।

आज जी भर के बहक लो 'नीरज'
फिर ये घूँघट न ये आँचल होंगे।

एक जुग बाद

एक जुग बाद शबे-ग़म की सहर देखी है
देखने की न थी उम्मीद मगर देखी है।

जिसमें मज़हब के हर इक रोग का लिक्खा है इलाज
वो किताब हमने किसी रिन्द के घर देखी है।

ख़ुदकुशी करती है आपस की सियासत कैसे
हमने ये फ़िल्म नई ख़ूब इधर देखी है।

दोस्तो! नाव को अब ख़ूब सँभाले रखियो।
हमने नज़दीक ही इक ख़ास भँवर देखी है।

उसको क्या ख़ाक शराबों में मज़ा आएगा
जिसने इक बार भी वो शोख़ नज़र देखी है।

जो उठाती थी न सर अपने बड़ों के आगे
हमने तहज़ीब वो अब तो न इधर देखी है।

तुम समझ जाओगे क्या चीज़ है भारतमाता
तुमने बेटी किसी निर्धन की अगर देखी है।

हर शख़्स उनकी आँख में

हर शख़्स उनकी आँख में सोना बना रहा
मैं ही था इक जो सिर्फ़ खिलौना बना रहा।

बढ़ता था रोज़ जिस्म मगर घट रही थी उम्र
'होने' के साथ-साथ 'न होना' बना रहा।

रेशम की सेज के लिए जब गीत बिके थे
मिट्टी का पलंग अपना बिछौना बना रहा।

माथे का जो कलंक था दुनिया की नज़र में
माँ की नज़र में मेरा डिठौना बना रहा।

इनसानियत के गज़ से जब नापा गया जनाब
जिसका बड़ा था क़द वही बौना बना रहा।

कितने ही दर्शनों की पड़ी उस पे उड़के धूल
क्या रूप था कि फिर भी सलोना बना रहा।

नीरज तो बुढ़ापे में भी करते हैं लड़कपन
लोगों में इसी बात का रोना बना रहा।

ज़िन्दगी से निबाह

ज़िन्दगी से निबाह करना पड़ा
इसलिए ही गुनाह करना पड़ा।

वक़्त ऐसा भी हम पे गुज़रा जब
आह भर-भरके वाह करना पड़ा।

उनकी महफ़िल में रोशनी के लिए
कितनों को आत्मदाह करना पड़ा।

अर्थ-वेदी पे भावनाओं को
आँसुओं से विवाह करना पड़ा।

दिल के क़ानून की अदालत में
ग़म को अपना गवाह करना पड़ा।

चन्द गीतों की ज़िन्दगी के लिए
ज़िन्दगी को तबाह करना पड़ा।

गगन बजाने लगा

गगन बजाने लगा जल-तरंग फिर यारो!
कि भींगें हम भी ज़रा संग-संग फिर यारो!

यह रिमझिमाती निशा और ये थिरकता सावन
है याद आने लगा इक प्रसंग फिर यारो!

किसे पता है कि कब तक रहेगा ये मौसम
रखा है बाँध के क्यों मन-कुरंग फिर यारो!

उमड़-घुमड़ के जो बादल घिरा अटारी पर
विहंग बन के उड़ी इक उमंग फिर यारो!

कहीं पे कजली कहीं तान उठी बिरहा की
हृदय में झाँक गया इक अनंग फिर यारो!

पिया की बाँह में सिमटी है इस तरह गोरी
सभंग श्लेष हुआ है अभंग फिर यारो!

जो 'रंग' गीत का 'बलबीर' जी के साथ गया
न हमने देखा कहीं वैसा 'रंग' फिर यारो!

घृणा का प्रेम से

घृणा का प्रेम से जिस दिन अलंकरण होगा
धरा पे स्वर्ग का उस रोज़ अवतरण होगा।

न तो हवा की है ग़लती न दोष नाविक का
जो लेके डूबा तुझे तेरा आचरण होगा।

हाँ आत्मघात ही करना पड़ेगा सूरज को
इसी तरह जो उजालों का अपहरण होगा।

जो रात-भर मेरा दरवाज़ा खटखटाता रहा
वो तू नहीं, कोई भटका हुआ पवन होगा।

तू ढूँढ़ता है कहाँ उसको काबा-काशी में
वहीं वो होगा जहाँ प्रेम का कथन होगा।

मैं सोचता हूँ कि कैसी दिखेगी ये दुनिया
हृदय-हृदय पे न जब कोई आवरण होगा।

तू उस रसिक से अपरिचित ही रहेगा 'नीरज'
कि जब तलक तेरी संज्ञा पे विशेषण होगा।

शब्द झूठे हैं

शब्द झूठे हैं सभी सत्य-कथाओं की तरह
वक़्त बेशर्म है वेश्या की अदाओं की तरह।

जाने वो किसका था साया कि जिसे छूने को
हम भटकते रहे आवरा हवाओं की तरह।

प्यार के वास्ते प्यासा है ये दिल सदियों से
अब तो बरसो कोई सावन की घटाओं की तरह।

हर अँधेरे से सुबह बन के गुज़र जाऊँगा
तेरा आँचल जो रहे सर पे दुआओं की तरह।

आज पलकों में मुझे ख़्वाब बनाकर रख लो
कल खो जाऊँगा गुमनाम गुफ़ाओं की तरह।

मुझको सुलझाने में तुम खुद ही उलझ जाओगे
ज़िन्दगी है मेरी साधु की जटाओं की तरह।

जी हाँ, 'नीरज' में बहुत दोप हैं लेकिन फिर भी
माफ़ कर दो उसे बच्चों की ख़ताओं की तरह।

...कि दूर-दूर तलक

तुम्हारे घर का सफ़र पहले इतना सख़्त न था,
...कि दूर-दूर तलक एक भी दरख़्त न था।

हम इतने लीन थे तैयारियों में जाने की
वो सामने थे, उन्हें देखने का वक़्त न था।

लुटा के अपनी ख़ुशी जिसने चुन लिए आँसू
वो बादशाह था, गो उस पे ताजो-तख़्त न था।

मैं जिसकी खोज में ख़ुद खो गया था मेले में
कहीं वो मेरा ही अरमान तो कम्बख़्त न था।

लिखी थी जिस पे विधाता ने दास्ताँ सुख की
मेरी किताब में वो पेज ही पैबस्त न था।

जो ज़ुल्म सह के भी चुप रह गया, न खौल उठा
वो और कुछ हो मगर आदमी का रक्त न था।

उन्हीं फ़क़ीरों ने बदली है वक़्त की धारा
कि जिनके पास ख़ुद अपने लिए भी वक़्त न था।

शराब करके पिया उसने ज़हर जीवन-भर
हमारे शहर में नीरज-सा कोई मस्त न था।

तमाम उम्र मैं

तमाम उम्र मैं इक अजनबी के घर में रहा
सफ़र न करते हुए भी किसी सफ़र में रहा।

वो जिस्म ही था जो भटका किया ज़माने में
हृदय तो मेरा हमेशा तेरी डगर में रहा।

तू ढूँढ़ता था जिसे जाके बृज में गोकुल में
वो श्याम तो किसी मीरा की चश्म-तर में रहा।

जो गीत बाँटता फिरता था सारी दुनिया में
किसे पता है वो किन आँसुओं के घर में रहा।

वो और ही थे जिन्हें थी ख़बर सितारों की
मेरा ये देश तो रोटी की ही ख़बर में रहा।

नहीं शराब में, आया लहू में स्वाद उसे
जो चार दिन भी सियासत के इस नगर में रहा।

हज़ारों रत्न थे उस जौहरी की झोली में
उसे न कुछ भी मिला जो अगर-मगर में रहा!

कोई दरख़्त मिले

कोई दरख़्त मिले या किसी का घर आए
मैं थक गया हूँ कहीं छाँव अब नज़र आए।

जिधर की सिम्त मेरे दोस्तों की बैठक थी,
उसी तरफ़ से मेरे सेहन में पत्थर आए।

दिलों को तोड़ के मन्दिर जो बनाकर लौटे
उन्हें बताओ कि वह क्या गुनाह कर आए।

न जाने फूल मकहते हैं किस तरह के वहाँ
जो तेरी सिम्त गये, लौटकर न घर आए।

वो क़त्ल किसने किया है सभी को है मालूम
ये देखना है कि इल्ज़ाम किसके सर आए।

शराब ये तो सुबह को ही उतर जाएगी,
पिला वो मय कि नहीं होश उम्र भर आए।

बस एक बिरवा मेरे नाम का लगा देना
जो मेरी मौत की तुम तक कभी ख़बर आए।

वहीं पे ढूँढ़ना नीरज को तुम जहाँ वालो।
जहाँ भी दर्द की बस्ती कोई नज़र आए।

सफ़र ये साँस का

सफ़र ये साँस का अब ख़त्म होने वाला है
जो जागता था मुसाफ़िर वो सोने वाला है।

जो इस नगर में लगाता है फेरी सदियों से
वो और कोई नहीं इक खिलौने वाला है।

न सोच तू कि सिएगा वो तेरी चादर भी
वो सिर्फ़ सूई में धागा पिरोने वाला है।

दुखी सभी हैं यहाँ अपने-अपने सुख के लिए
तेरे लिए तो न कोई भी रोने वाला है।

हज़ारों लोग इधर से गुज़र गये फिर भी
ये सिलसिला न कभी ख़त्म होने वाला है।

ये बाग़ सबका है या सिर्फ़ चन्द लोगों का
ये फ़ैसला तो बहुत जल्द होने वाला है।

जिसे हवाओं के रुख़ का नहीं हो अन्दाज़ा
वो शख़्स जान लो कश्ती डुबोने वाला है।

मेरे नसीब में

मेरे नसीब में ऐसा भी वक़्त आना था
जो गिरने वाला था वो घर मुझे बनाना था।

सराय थी जो उसे मैंने अपना घर समझा
यही हसीन भरम मेरा क़ैदख़ाना था।

हरेक शख़्स मुसाफ़िर था इस जगह लेकिन
पता किसी को नहीं था कहाँ पे जाना था।

तेरी डगर में यहाँ वो भी इक मुक़ाम आया।
जहाँ न तू, न जहाँ मैं, न आना-जाना था।

मैं मानता था जिसे एक प्यार का मन्दिर
वहाँ जो देखा तो नफ़रत का कारख़ाना था।

ख़ुद अपना बाग़ जलाने चले थे जब भौंरे
तो एक तितली को पूरा चमन बचाना था।

न मन्दिरों में, न मस्जिद में जब मिला तू मुझे
उधर गया मैं जिधर को शराबख़ाना था।

हम तो समझे थे

हम तो समझे थे तुम आए हो बहार आएगी
ये न सोचा था कि फूलों में ही ठन जाएगी।

रोज़ ही होते गये भक्त अगर उच्छृंखल
डर है मन्दिर में न मूरत ही नज़र आएगी।

तुम जहाँ पहुँचे हो वो ऐसी जगह है यारो
इक ज़रा भूल से तस्वीर बदल जाएगी।

अपने रंग-रूप पे इतना तो न इतरा गोरी
ज़ुल्फ सोने की ये चाँदी में बदल जाएगी।

चूड़ियाँ करती हैं जैसे किसी सिन्दूर की याद
यूँ ही 'नीरज' की कभी याद तुम्हें आएगी।

बदन पे जिसके

बदन पे जिसके शराफ़त का पैरहन देखा
वो आदमी भी यहाँ हमने बचलन देखा।

ख़रीदने को जिसे कम थी दौलते-दुनिया
किसी कबीर की मुट्ठी में वो रतन देखा।

मुझे देखा है वहाँ अपनी ही वतन ज़ख़्मी
कहीं जो तीर से घायल कोई हिरन देखा।

बड़ा न छोटा कोई फ़र्क़ बस नज़र का है
सभी पे चलते समय एक-सा कफ़न देखा।

ज़ुबाँ है और, बयाँ और, उसका मतलब और
अजीब आज की दुनिया का व्याकरण देखा।

लुटेरे-डाकू भी अपने पे नाज़ करने लगे
उन्होंने आज जो सन्तों का आचरण देखा।

जो आदमी है 'कहन' में हमारे नीरज की
किसी पे और भी क्या ऐसा बाँकपन देखा।

समय ने जब भी

समय ने जब भी अँधेरों से दोस्ती की है,
जलाके अपना ही घर, हमने रोशनी की है।

सुबूत हैं मेरे घर में धुएँ के ये धब्बे,
कभी यहाँ प' उजालों ने खुदकुशी की है!

कभी भी वक़्त ने उनको नहीं मुआफ़ किया
जिन्होंने दुखियों के अश्कों से दिल्लगी की है!

न हम न तुम ही, ज़माना करेगा कल निर्णय
कि तुमने राहज़नी की या रबहरी की है।

जली हैं आग में जब-जब भी शहर की सड़कें
मेरे ही पाँव के छालों ने कुछ नमी की है!

न लड़खड़ाया कभी और कभी न बहका हूँ
मुझे पिलाने में फिर तुमने क्यों कमी की है?

किसी के ज़ख़्म को मरहम दिया है गर तूने
समझ ले तूने ख़ुदा की ही बन्दगी की है।

बहुत हैं और यहाँ गीतकार ऐ नीरज
हमीं ने सिर्फ़ हरेक रात रोशनी की है।

बात अब करते हैं

बात अब करते हैं क़तरे भी समन्दर की तरह
लोग ईमान बदलते हैं कलेंडर की तरह।

कोई मंज़िल न कोई राह, न मक़सद कोई
है ये जनतन्त्र यतीमों के मुक़द्दर की तरह।

बस यही लोग बचा सकते हैं इस कश्ती को
डूब सकते हैं जो मँझधार में लंगर की तरह।

मैंने खुशबू-सा बसासा था जिसे तन-मन में
मेरे पहलू में वही बैठा है ख़ंजर की तरह।

मेरा दिल झील के पानी की तरह काँपा था
तुमने वो बात उछाली थी जो कंकर की तरह।

जिनकी ठोकर से क़िले काँप के ढह जाते थे
कल की आँधी में उड़े लोग वो छप्पर की तरह।

तुझसी शोहरत न किसी को भी मिले ऐ 'नीरज'
फूल भी फेंके गये तुझ प' तो पत्थर की तरह।

देखकर वक़्त का

देखकर वक़्त का ये अजब फ़ैसला
हमको रोते हुए भी हँसी आ गई
जिनकी ख़ुशबू से कोई न पहचान थी
उनके घर फूलों की पालकी आ गई!

अब अँधेरों के घटने की आशा नहीं
अब सवेरे की कोई न उम्मीद है
मोमबत्ती भी जिनसे नहीं जल सकी
उनके हाथों में सब रोशनी आ गई!

सुबह को और कुछ, शाम को और कुछ
धूप में और कुछ, छाँव में और कुछ
हमने देखे जो चेहरे ये इनसान के
हमको अपने प' शर्मिन्दगी आ गई।

मेरे यारों का कितना हुआ है पतन,
हमसे कहते हुए भी न कहते बने
जिनके होंठों प' थी रहबरी की क़सम
उनकी फ़ितरत में अब रहज़नी आ गई!

कुछ न तुम कह सके, कुछ न हम कह सके
वो मिलन का मुहूरत गुज़र यूँ गया
जब तलक हो अधर का अधर से मिलन
बीच में आँसुओं की नदी आ गई!

ख़ुद-ब-ख़ुद दिल की धड़कन है बढ़ने
लगी
डगमगाने लगे हैं क़दम भी मेरे
कोई माने न माने मुझे लग रहा
अब निकट साँवरे की गली आ गई।

अब तो इक ऐसा वरक़

अब तो इक ऐसा वरक़ मेरा-तेरा ईमान हो
इस तरफ़ गीता हो जिसमें इक तरफ़ क़ुरआन हो।

काश ऐसी भी मोहब्बत हो कभी इस देश में
मेरे घर उपवास हो जब मेरे घर रमज़ान हो।

मज़हबी झगड़े ये अपने आप सब मिट जाएँगे
और कुछ होकर न गर-इनसान बस इनसान हो।

कृष्ण की वंशी का आशिक़ तू भी हो जाएगा दोस्त
बज़्म में तेरी अगर शामिल कोई रसखान हो।

साथियो! अपनी मशालें गुल न कर देना अभी
क्या पता इस अम्न के पीछे कोई तूफ़ान हो!

गीत रो-रोकर लिखे हैं हमने केवल इसलिए
आँसुओं का क़हक़हों के मंच पर सम्मान हो।

अपना ये हिन्दोस्ताँ होगा तभी हिन्दोस्ताँ
हाथ में हिन्दी के उर्दू का कोई दीवान हो।

जब भी इस शहर में

जब भी इस शहर में कमरे से मैं बाहर निकला
मेरे स्वागत को हरेक जेब से ख़ंजर निकला।

तितलियों-फूलों का लगता था जहाँ पर मेला
प्यार का गाँव वो बारूद का दफ़्तर निकला।

डूबकर जिसमें उबर पाया न मैं जीवन-भर
एक आँसू का वो क़तरा तो समन्दर निकला।

मेरे होंठों प' दुआ उसकी ज़ुबाँ पर गाली
जिसके अन्दर जो छुपा था वही बाहर निकला।

ज़िन्दगी-भर मैं जिसे देखके इतराता रहा
मेरे सब रूप वो मिट्टी की धरोहर निकला।

वो तेरे द्वार प' हर रोज़ ही आया लेकिन
नींद टूटी तेरी जब हाथ से अवसर निकला।

रूखी रोटी भी सदा बाँट के जिसने खाई
वो भिखारी तो शहंशाहों से बढ़कर निकला।

क्या अजब चीज़ है इनसान का दिल भी नीरज
मोम निकला ये कभी तो कभी पत्थर निकला।

आदमी ख़ुद को

आदमी ख़ुद को कभी यूँ भी सज़ा देता है
रोशनी के लिए शोलों को हवा देता है।

ख़ून के दाग़ हैं दामन प' जहाँ सन्तों के
तू वहाँ कौन से 'नानक' को सदा देता है।

एक ऐसा भी वो तीरथ है मेरी धरती पर
क़ातिलों को जहाँ मन्दिर भी दुआ देता है।

मुझको उस वैद्य की विद्या प' तरस आता है।
भूखे लोगों को जो सेहत की दवा देता है।

चील-कौओं की अदालत में है मुजरिम कोयल
देखिए वक़्त ये अब फ़ैसला क्या देता है।

तू खड़ा हो के कहाँ माँग रहा है रोटी
ये सियासत का नगर सिर्फ़ दग़ा देता है

मैं किसी बच्चे की मानिन्द सुबह उठता हूँ
जब कोई माँ की तरह मुझको दुआ देता है।

साँझ के बोझ से जब रूह तड़प उठती है
वो तेरा प्यार है जो दिल को हवा देता है।

मत उसे ढूँढ़िए शब्दों के नुमायश-घर में
हर पपीहा यहाँ 'नीरज' का पता देता है।

जागते रहिए

जागते रहिए ज़माने को जगाते रहिए
मेरी आवाज़ में आवाज़ मिलाते रहिए।

हमने कल रात जलाये थे जो चौपालों पर
उन अलावों की ज़रा राख हटाते रहिए।

नींद आती है तो तक़दीर भी सो जाती है
कोई अब सो न सके गीत वो गाते रहिए।

भूखा सोने को भी तैयार है ये देश मेरा
आप परियों के उसे ख़्वाब दिखाते रहिए।

वक़्त के हाथ में पत्थर भी है और फूल भी हैं
चाह फूलों की है तो चोट भी खाते रहिए।

जाने कब आख़िरी ख़त आपके नाम आ जाए
आपसे जितना बने प्यार लुटाते रहिए।

रोती आँखें उन्हें मुमकिन है कि याद आ जाएँ
हाथ हत्यारों के अश्कों से धुलाते रहिए।

प्यार भी आपको हो जाएगा रफ़्ता-रफ़्ता
दिल नहीं मिलता तो नज़रें ही मिलाते रहिए।

क्या अजब है कि समय फिर से मिला दे हमको
टूट जाने प' भी रिश्तों को निभाते रहिए।

आपसे एक गुज़ारिश है यही नीरज की
भूले-भटके ही सही घर मेरे आते रहिए।

अब तो मज़हब कोई

अब तो मज़हब कोई ऐसा भी चलाया जाये
जिसमें इनसान को इनसान बनाया जाये।

जिसकी ख़ुशबू से महक जाए पड़ोसी का भी घर
फूल इस क़िस्म का हर सिम्त खिलाया जाये।

आग बहती है यहाँ गंगा व झेलम में भी
कोई बतलाए कहाँ जाके नहाया जाये।

प्यार का ख़ून हुआ क्यों ये समझने के लिए
हर अँधेरे को उजाले में बुलाया जाये।

मेरे दुख-दर्द का तुझ पर हो असर कुछ ऐसा
मैं रहूँ भूखा तो तुझसे भी न खाया जाये।

जिस्म दो होके भी दिल एक हों अपने ऐसे
मेरा आँसू तेरी पलकों से उठाया जाये।

गीत उन्मन है, ग़ज़ल चुप है, रुबाई है दुखी
ऐसे माहौल में 'नीरज' को बुलाया जाये।

तेरा बाज़ार तो

तेरा बाज़ार तो महँगा बुहत है
लहू फिर क्यों यहाँ सस्ता बहुत है।

सफ़र इससे नहीं तय हो सकेगा
वह रथ परदेश में रुकता बहुत है।

न पीछे से कभी वो वार करता
वो दुश्मन है मगर अच्छा बहुत है।

सुलगते अश्क और कुछ ख़्वाब टूटे
ख़ज़ाना इन दिनों इतना बहुत है।

यहाँ तो और भी हैं गीत-गायक
मगर नीरज की क्यों चर्चा बहुत है।

निर्धन लोगों की बस्ती में

निर्धन लोगों की बस्ती में घर-घर कल ये चर्चा था
वो सबसे धनवान था जिसकी जेब में खोटा सिक्का था।

अपने शहर में उस दिन मैंने भूख का ये आलम देखा
दूध के बदले इक माँ के आँचल से ख़ून टपकता था।

खेत जले, खलिहान जले, सब पेड़ जले, सब पात जले
मेरे गाँव में रात न जाने कैसा पानी बरसा था।

अपने देश की हालत मुझको बिलकुल वैसी दिखती है
जैसे बाज़ के पंजे में इक गौरैआ का बच्चा था।

गीतों की क़िस्मत में इक दिन ऐसा भी दिन आना था
उतना ही वो महँगा था जो जितना ज़्यादा सस्ता था।

सारी महफ़िल सुनकर जिसको झूम-झूमकर मस्त हुई
वो तो गीत नहीं था मेरा, आँसू का इक क़तरा था।

'नीरज' उसकी याद हृदय में अब भी तड़पा करती है
आधी रात मेरे घर में जो बेला कभी महकता था।

कुल शहर बदहवास है

कुछ शहर बदहवास है इस तेज़ धूप में
हर शख़्स ज़िन्दा लाश है इस तेज़ धूप में।

हारे थके मुसाफ़िरों आवाज़ उन्हें दो
जल की जिन्हें तलाश है इस तेज़ धूप में।

दुनिया के अम्नो-चैन के दुश्मन हैं वही तो
सब छाँव जिनके पास है इस तेज़ धूप में।

नंगी हरेक शाख़ हरेक फूल है यतीम
फिर भी सूखी पलाश है इस तेज़ धूप में।

वो सिर्फ़ तेरा ध्यान बँटाने के लिए है
जितना भी जो प्रकाश है इस तेज़ धूप में।

पानी सब अपना पी गई ख़ुद हर कोई नदी
कैसी अजीब प्यास है इस तेज़ धूप में।

बीतेगी हाँ बीतेगी ये दुख की घड़ी ज़रूर
नीरज तू क्यों निराश है इस तेज़ धूप में।

जो कलंकित कभी नहीं

जो कलंकित कभी नहीं होते
वो तो वन्दित कभी नहीं होते।

जिनको घायल किया न काँटों ने
वो सुगन्धित कभी नहीं होते।

लोग करते न गर हमें बदनाम
हम तो चर्चित कभी नहीं होते।

'ढाई आखर' बिना पढ़े जग में
ज्ञानी पंडित कभी नहीं होते।

फूल की उम्र गर बड़ी होती
भृंग मोहित कभी नहीं होते।

देखते हैं न दिल का दर्पन जो
ख़ुद से परिचित कभी नहीं होते।

सिर्फ़ आवाज़ ही बदलती है
स्वर तिरोहित कभी नहीं होते।

करने चले थे होम

करने चले थे होम मगर हाथ जल गये
हम यूँ हँसे कि आँख से आँसू निकल गये।

दिखते हैं सबसे पीछे यहाँ आज वो ही लोग
मरने के दिन जो मौत से आगे निकल गये।

वो दिन जो ज़िन्दगी के गुज़ारे तेरे बग़ैर
कुछ अश्क बन गये तो कुछ गीतों में ढल गये।

दैरो-हरम की राह में जो लड़खड़ाये पाँव
आए वो मयकदे में तो ख़ुद ही सँभल गये।

है इश्क़ जिसका नाम वो इक ऐसी आग है
जो भी बुझाने आए इसे ख़ुद वो जल गये।

आएगी कल बहार इसी एक आस में
टूटे हुए घरौंदों से भी हम बहल गये।

इस कारवाने-क़ौम की इतनी है दास्तां
रस्ते वही हैं सिर्फ़ मुसाफ़िर बदल गये।

नीरज का हाल कोई जो पूछे बताइए
हम तो वहीं हैं आज भी पर वो बदल गये।

शाम ढलने के लिए

शाम ढलने के लिए रोज़ सुबह सजते हैं
वक़्त की मेज़ पे हम दर्द के गुलदस्ते हैं।

क्या अजब दौर है दुनिया का आजकल लोगो
मिट्टी तो महँगी है इनसान मगर सस्ते हैं।

फूल अक्सर वही होते हैं बड़े क़ातिल जो
सूरतो-शक्ल से मासूम बहुत दिखते हैं।

और सब लिखते हैं अख़बार में छपने के लिए
हम ज़माने को बदलने के लिए लिखते हैं।

हमने आवाज़ जो बेची तो किया क्या अपराध
जिन्स की तरह से ईमान यहाँ बिकते हैं।

उनकी महफ़िल में गुज़र हो भला कैसे अपनी
हम तो इनसान हैं बस और वो फ़रिश्ते हैं।

यूँ तो हम मौत से भी मर नहीं सकते 'नीरज'
बात लग जाये तो बेमौत भी मर सकते हैं।

उनका कहना है

उनका कहना है कि नीरज ये लड़कपन छोड़ो
सुख की छाँवों में चलो दर्द का दामन छोड़ो।

अब तो तितली के परों प' भी है नज़र उनकी
अब मुनासिब है यही दोस्तो! गुलशन छोड़ो।

काव्य के मंच प' करते हैं विदूषक का अभिनय
तुमको अभिनय नहीं आता है तो ये फ़न छोड़ो।

तुम तो मुट्ठी में लिए बैठे हो सारा बाज़ार
ग़म के मारों के लिए कोई तो दामन छोड़ो।

जब से तुम आए यहाँ ख़ून की बरसात हुई
अब तो कुछ रहम करो छोड़ो ये आँगन छोड़ो।

ज़ुल्म का दौर किसी तौर भी बदले न अगर
ज़ीस्त के वास्ते फिर ज़ीस्त का दामन छोड़ो।

कहानी बनके जिये

कहानी बनके जिये हम तो इस ज़माने में
लगेंगी आपको सदियाँ हमें भुलाने में।

न जिनको पीना भी आए न पिलाना आए
शरीफ़ ऐसे भी आ बैठे हैं मैख़ाने में।

ग़रीब क्यों न रहे देश की सारी बस्ती
हैं क़ैद ख़ुशियाँ सभी एक ही घराने में।

न आग फेंकों मेरे मुस्कराते फूलों पर
मिलेगी ऐसी न ख़ुशबू किसी ख़ज़ाने में।

जो रोते दिल को हँसने में इबादत
बड़ी है उससे इबादत कहाँ ज़माने में।

गिरी हैं बिजलियाँ कुछ ऐसी चमन पर अपने
कि अब तो बच्चे भी डरते हैं मुस्कराने में।

है उसके वास्ते पागल कली-कली अब तक
कोई तो बात है नीरज के गुनगुनाने में।

गीत जब मर जाएँगे

गीत जब मर जाएँगे फिर क्या यहाँ रह जाएगा।
इक सिसकता आँसुओं का कारवाँ रह जाएगा।

प्यार की धरती अगर बन्दूक से बाँटी गई
एक मुरदा शहर अपने दरमियाँ रह जाएगा।

आग लेकर हाथ में पगले! जलाता है किसे
जब न ये बस्ती रहेगी तू कहाँ रह जाएगा।

गर चिराग़ों की हिफ़ाज़त फिर उन्हें सौंपी गई
रोशनी मर जाएगी, ख़ाली धुआँ रह जाएगा।

आएगा अपना बुलावा जिस घड़ी उस पार से
मैं कहाँ रह जाऊँगा और तू कहाँ रह जाएगा।

सिर्फ़ धरती ही नहीं, हर शै यहाँ गर्दिश में है
जो जहाँ अब है, नहीं वो कल यहाँ रह जाएगा।

ज़िन्दगी और मौत की केवल कहानी है यही
फुर्र उड़ जाएगी चिड़िया, आशियाँ रह जाएगा।

भीतर-भीतर आग

भीतर-भीतर आग भरी है बाहर-बाहर पानी है
तेरी-मेरी, मेरी-तेरी सबकी यही कहानी है।

ये हलचल, ये खेल-तमाशे सब रोटी की माया है
पेट भरा है तो फिर प्यारे ऋतु हर एक सुहानी है।

ज्ञान-कला का मान नहीं, कुछ, धन का बस सम्मान यहाँ
घर है तेरे पास तो मेरी मैली चादर धानी है।

ये हिन्दू है वो मुस्लिम है, ये सिख वो ईसाई है
सब के सब हैं ये-वो, लेकिन कोई न हिन्दुस्तानी है।

इसके कारण गले कटे और लोगों के ईमान बिके
इस छोटी-सी कुर्सी की तो अद्‌भुत बड़ी कहानी है।

हंस जहाँ पर भूखों मरते, बगुले करते राज जहाँ
वो ही देश है भारत उसका जग में कोई न सानी है।

सौ-सौ बार यहाँ जनमा मैं सौ-सौ बार मरा हूँ मैं
रंग नया है, रूप नया है सूरत मगर पुरानी है।

मुझ पे आकर जो पड़ी

मुझ पे आकर जो पड़ी उनकी नज़र चुपके से
हो गये अंक गुनाहों के सिफ़र चुपके से।

ज़िन्दगी है मेरी जेठ की दोपहरी सी
बनके बादल कोई बरसो मेरे घर चुपके-से।

जो हिमालय की तरह तन के खड़ा इक रोज़
नोट बरसे तो झुका ही दिया सर चुपके से।

सारे संसार की आँखों में खटकता हूँ मैं
तुमको आना हो तो आना मेरे घर चुपके से।

किसलिए भीड़, ये भगदड़, ये तमाशे-मेले
ख़त्म हो जाएगा इक रोज़ सफ़र चुपके से।

मेरे हाथों में भी ये चाँद-सितारे होते
वक़्त गर काट न देता मेरे पर चुपके से।

अपना दरवाज़ा खुला रखता हमेशा 'नीरज'
ज़िन्दगी आती है, आती है मगर चुपके से।

साज़ ये आवाज़ ये

साज़ ये आवाज़ ये सब कुछ मेरा ले जाइए।
ज़िन्दगी को क़ैद से मुझको छुड़ा ले जाइए।

हर तरफ़ नफ़रत की आँधी और बारिश ख़ून की
मुझको इस नापाक मौसम से बचा ले जाइए।

जो कि जलने से ही पहले हैं बुझा डाले गये
मुझसे उन सारे चिराग़ों का पता ले जाइए।

मैंने कितनी बार जाकर, है मनाया आपको
आप भी इक बार तो मुझको मना ले जाइए।

ख़्वाब बनकर मेरी आँखों में ज़रा बस जाइए
किस तरह पानी में रहते हैं—मज़ा ले जाइए।

तितलियाँ, कलियाँ, न परियाँ अब यह कुछ भी नहीं
दिल के बहलाने को बस ये गीतिका ले जाइए।

कौन है नीरज किसी को याद अब होगा नहीं
आप अपने नाम से मुझको बुला ले जाइए।

मंच बारूद का

मंच बारूद का नाटक दियासलाई का
खेल क्या ख़ूब है ये देश की तबाही का।

ख़ुशबुएँ छोड़ के फूलों के लिए मरते हो
मालियो! त्याग दो, मज़हब ये कम-निगाहों का।

शब्द को एक तमाशा नहीं, तलवार बना
काम लेना है क़लम से तो अब सिपाही का।

उसको सुकरात की मानिन्द ज़हर पीना पड़ा।
जिसने भी फ़र्ज निभाया यहाँ सचाई का।

एक कोठे की तवायफ़ है सियासत सारी
और दल्लाली हुआ काम रहनुमाई का।

जिसको गोली की ही बोली में मज़ा आता हो
कैसे समझेगा वो मा'नी ग़ज़ल रुबाई का।

कागज़ी फूलों से अब तो ऐ उलझन नीरज
सामने वक़्त खड़ा है तेरी विदाई का।

देखना है मुझको तो

देखना है मुझको तो नज़दीक आकर देखिए
प्यार भी हो जाएगा नज़रें मिलाकर देखिए।

नीड़ चिड़ियों का नहीं मधुमक्खियों का घर है ये
आप इसका एक भी तिनका हटाकर देखिए।

आपके गीतों से यह माहौल बदलेगा ज़रूर
आप अपना ख़ून शब्दों को पिलाकर देखिए।

आपको लेना है गर सावन के मौसम का मज़ा
आइए बादल के नीचे घर बनाकर देखिए।

आपकी महफ़िल में अपना भी तो कुछ हक़ है ज़रूर
एक पल मेरी तरफ़ भी मुस्कुराकर देखिए।

ये अँधेरा इसलिए है ख़ुद अँधेरे में हैं आप
आप अपने दिल को इक दीपक बनाकर देखिए।

किस तरह सुर और सरगम से महक उठते हैं घर
गीत नीरज के किसी दिन गुनगुनाकर देखिए।

मैंने बस चलना सीखा है

मैंने बस चलना सीखा है।

कितने ही कटुतम काँटे तुम मेरे पथ पर आज बिछाओ,
और अरे चाहे निष्ठुर कर का भी धुँधला दीप बुझाओ,
किन्तु नहीं मेरे पग ने पथ पर बढ़कर फिरना सीखा है।
मैंने बस चलना सीखा है।

कहीं छुपा दो मंज़िल मेरी चारों ओर तिमिर-घन छाकर,
चाहे उसे राख कर डालो नभ से अंगारे बरसा कर,
पर मानव ने तो पग के नीचे मंज़िल रखना सीखा है।
मैंने बस चलना सीखा है।

कब तक ठहर सकेंगे मेरे सम्मुख ये तूफ़ान भयंकर
कब तक मुझ से लड़ पावेगा इन्द्रराज का वज्र प्रखरतर,
मानव की ही अस्थिमात्र से वज्रों ने बनना सीखा है।
मैंने बस चलना सीखा है।

देखूँ कौन करेगा नीचा मेरा उन्नत अमर भाल यह,
इतना ही है मुझे मिला दे मिट्टी में बस क्रूर काल वह,
पर इस जग की मिट्टी ने भी देवों पर चढ़ना सीखा है।
मैंने बस चलना सीखा है।

लहरों में हलचल होती है

लहरों में हलचल होती है।

कहीं न ऐसी आँधी आवे,
जिससे दिवस रात हो जावे,
यही सोचकर कोकी बैठी तट पर निज धीरज खोती है।
लहरों में हलचल होती है।

लो, वह आई आँधी काली,
तम-पथ पर भटकाने वाली,
अभी गा रही थी जो कलिका पड़ी भूमि पर वो सोती है।
लहरों में हलचल होती है।

चक्र-सदृश भीषण भँवरों में,
औ' पर्वताकार लहरों में,
एकाकी नाविक की नौका अब अन्तिम चक्कर लेती है।
लहरों में हलचल होती है।

जग ने प्यार नहीं पहचाना!

जग ने प्यार नहीं पहचाना!
मेरे अलि-मन को कलियों का परिमल करता पान देखकर,
जग ने अगणित जाल बिछाये उस पर निर्ममता से जी भर,
पर जर्जर तन पर काँटों का कटु संसार नहीं पहचाना!
जग ने प्यार नहीं पहचाना!

मधु की मादकता से निद्रित कवि का मादक गायन सुनकर,
चीख़ उठा जग शत-मुख से वासना विनिर्मित है इसका स्वर,
पर उसके मन में होता चिर हाहाकार नहीं पहचाना!
जग ने प्यार नहीं पहचाना!

माणिक-मुक्ताओं से सज्जित कर में मधु की प्याली लखकर,
जग बोला इसने पाली है अमर-वारुणी मधुमय सुखकर,
पर उसके तल में लहराता विष का ज्वार नहीं पहचाना।
जग ने प्यार नहीं पहचाना!

तब मेरी पीड़ा अकुलाई!

तब मेरी पीड़ा अकुलाई!

जग से निन्दित और उपेक्षित,
होकर अपनों से भी पीड़ित,
जब मानव ने कम्पित कर से हा! अपनी ही चिता बनाई।
तब मेरी पीड़ा अकुलाई!

सान्ध्य-गगन में करते मृदु-रव
उड़ते जाते नीड़ों को खग,
हाय! अकेली बिछुड़ रही मैं—कहकर जब कोकी चिल्लाई।
तब मेरी पीड़ा अकुलाई!

झंझा के झोंकों में पड़कर,
अटक गई थी नाव रेत पर,
जब आँसू की नदी बहाकर नाविक ने निज नाव चलाई।
तब मेरी पीड़ा अकुलाई!

मधुर, तुम इतना ही कर दो!

मधुर, तुम इतना ही कर दो!

यदि यह कहते हो मैं गाऊँ,
जलकर भी आनन्द मनाऊँ
इस मिट्टी के पंजर में मत छोटा सा उर दो!
मधुर, तुम इतना ही कर दो!

तेरी मधुशाला के भीतर,
मैं ही ख़ाली प्याला लेकर,
बैठा हूँ लज्जा से दबकर;
मैं पी लूँगा, मधु न सही, इसमें विष ही भर दो!
मधुर, तुम इतना ही कर दो!

तेरे विस्तृत गृह के अन्दर,
रहते सब जग के नारी-नर
तृण भर भी मुझको न ठौर पर;
अरे, न रहने दो मुझको कर उसका पत्थर दो!
मधुर, तुम इतना ही कर दो!

कर्तव्य-पथ, कर्तव्य-पथ!

कर्तव्य-पथ, कर्तव्य-पथ!

चाहे मिटे तेरा प्रणय,
चाहे जले तेरा हृदय,
चिर आँसुओं की बाढ़ में,
बह जाय आशा का निलय,
पर तुझे जीना पड़ेगा जब तक पड़ा है सामने—
कर्तव्य-पथ, कर्तव्य-पथ!

कटु शूल कितने ही चुभें,
ज्वालामुखी कितने फटें,
पग रो पड़ें, चाहे थकें,
पर तुझे बढ़ना पड़ेगा जब तक पड़ा है सामने—
कर्तव्य-पथ, कर्तव्य-पथ!

मधु भी अगर बन जाए विष;
अंगार ही बरसाय शशि,
पर हो यही तेरी हविस,
मैं बढ़ूँगा, मैं लड़ूँगा—जब तक पड़ा है सामने—
कर्तव्य-पथ कर्तव्य-पथ!

मानव कभी परवश नहीं,
विधि-वाम के आश्रित नहीं,
उसकी दया है विश्व भी,
इसलिए दुर्बल बन न मन जब तक पड़ा है सामने—
कर्तव्य-पथ, कर्तव्य-पथ!

प्राण! परीक्षा बहुत कठिन है!

प्राण! परीक्षा बहुत कठिन है!

जिस आँधी के पथ में पड़ कर,
हिल उठते तरु, गिरि, सरि, सागर,
कैसे उसमें अटल रहूँ मैं वज्र नहीं, मिट्टी का तन है!
प्राण! परीक्षा बहुत कठिन है!

देख रूप-दवि जिस यौवन की,
डोल गये नारद-से मुनि भी,
कैसे दूर रहूँ उससे मैं आख़िर मुझमें दुर्बल मन है!
प्राण! परीक्षा बहुत कठिन है!

मनुज, मनुज निज दुर्बलता में,
देव, देव निज महानता में,
माप मनुज की महानता का केवल उसका दुर्बल क्षण है!
प्राण! परीक्षा बहुत कठिन है!

अब तो ले लो प्राण! शरण में!

अब तो ले लो प्राण! शरण में!

मृग-जल से छल छल कर पल-छिन,
विकल कराह रहा प्यासा मन
बरसो घन बन मन्दिर मगन मन मुसकाये जीवन तृण-तृण में!
अब तो ले लो प्राण! शरण में!

चाह अश्रु-मुक्ता दुलका कर
दूँ प्रतिदान तुम्हें प्रतिपल, पर—
दानी के झोले की समता कैसे भिक्षु करे जीवन में!
अब तो ले लो प्राण! शरण में!

चाहे प्यार करो ठुकराओ,
चाहे राखो या बिसराओ,
डाल दिया है सर्वस अपना आज तुम्हारे तरुण चरण में!
अब तो ले लो प्राण! शरण में!

स्वप्न झरे फूल से

स्वप्न झरे फूल से
मीत चुभे शूल से,
लुट गये सिंगार सभी बाग़ के बबूल से,
और हम खड़े-खड़े बहार देखते रहे,
कारवाँ गुज़र गया, ग़ुबार देखते रहे!
नींद भी खुली न थी कि हाय धूप ढल गई,
पाँव जब तलक उठें कि राह रथ निकल गई,
पात-पात झर गये कि शाख़-शाख़ जल गई,
फाँस तो निकल सकी न, पर उमर निकल गई,
गीत अश्रु बन चले,
छन्द हो हवन चले,
साथ के सभी दिये धुआँ पहन-पहन चले,
और हम झुके झुके,
मोड़ पर रुके रुके,
उम्र के चढ़ाव का उतार देखते रहे,
कारवाँ गुज़र गया, ग़ुबार देखते रहे!

क्या शबाब था कि फूल फूल प्यार कर उठा,
क्या सुरूप था कि देख आईना सिहर उठा,
इस तरफ़ ज़मीन और आसमाँ उधर उठा,
थामकर जिगर उठा कि जो मिला नज़र उठा,
एक दिन मगर छली—
वह हवा यहाँ चली

लुट गई कली-कली कि घुट गई गली-गली
और हम दबी नज़र,
देह की दुकान पर,
साँस की शराब का ख़ुमार देखते रहे,
कारवाँ गुज़र गया, ग़ुबार देखते रहे!
आँख थी मिली मुझे कि अश्रु-अश्रु बीन लूँ,
होंठ थे खुले कि चूम कर नज़र हसीन लूँ,
दर्द था दिया गया कि प्यार से यक़ीन लूँ,
और गीत यूँ कि रात से चिराग़ छीन लूँ,
हो सका न कुछ मगर,
शाम बन गई सहर,
वह उठी लहर कि ढह गये क़िले बिखर-बिखर,
और हम लुटे-लुटे,
वक़्त से पिटे-पिटे,
दाम गाँठ के गँवा, बज़ार देखते रहे,
कारवाँ गुज़र गया, ग़ुबार देखते रहे!

माँग भर चली कि एक जब नई-नई किरन,
ढोलकें धुनुक उठीं, ठुमुक उठे चरण-चरण,
शोर मच गया कि लो चली दुल्हन, चली दुल्हन,
गाँव सब उमड़ पड़ा, बहक उठे नयन-नयन,
पर तभी ज़हर भरी,
गाज एक वह गिरी,
पुछ गया सिन्दूर तार-तार हुए चूनरी
और हम अजान से,
दूर के मकान से,
पालकी लिए हुए कहार देखते रहे,
कारवाँ गुज़र गया, ग़ुबार देखते रहे!

एक रोज़ एक गेह चाँद जब नया उगा,
नौबतें बजीं, हुई छटी डकौन रतजगा,

कुंडली बनी कि जब मुहूर्त पुन्यमय लगा,
इसलिए कि दे सके न मृत्यु जन्म को दग़ा,
एक दिन न पर हुआ,
उड़ गया पला सुआ,

कुछ न कर सके शकुन, न काम आ सकी दुआ,
और हम डरे डरे,
नीर नैन में भरे,
ओढ़कर कफ़न पड़े मज़ार देखते रहे,
चाह थी न, किन्तु बार-बार देखते रहे,
कारवाँ गुज़र गया, ग़ुबार देखते रहे!

नई सभ्यता

साँसों में ज़हरीली गैसें, स्वर में माइक्रोफ़ोन,
आँखों पर कैमरा, कान पर पहले टेलीफ़ोन,
दुबली-पतली गर्दन में गोली-गोलों के हार,
पंख लगे बाहों में चटपट उड़ने को तैयार,
चितवन में बिजली, चलने में टैंकों का रव-घोष,
बातचीत में उबला पड़ता युद्धों का आक्रोश,
अधरों पर है रक्त-लिपस्टिक की लोहित मुस्कान,
छिपा सर्जरी का कलाइयों में सारा विज्ञान,
एक हाथ में मौत, दूसरे में लिटरेन्चर डम्ब
बाँधे हुए कंचुकी में हाइड्रोजन-एटम बम्ब,
छिपा लौह-वस्त्रों में डालर-सा काग़ज़ी शरीर,
आसपास चल रही मशीनों, अख़बारों की भीड़,
घृणा और बारूद बाँटती हँसती-मुस्काती है,
करो वेलकम नई सभ्यता की देवी आती है!

सारा जग बंजारा होता

प्यार अगर थामता न पथ में उँगली इस बीमार उमर की
हर पीड़ा वेश्या बन जाती, हर आँसू आवार होता।

निरवंशी रहता उजियाला
गोद न भरती किसी किरन की,
और ज़िन्दगी लगती जैसे—
डोली कोई बिना दुल्हन की,
दुख से सब बस्ती कराहती, लपटों में हर फूल झुलसता
करुणा ने जाकर नफ़रत का आँगन गर न बुहारा होता।
प्यार अगर...

मन तो मौसम-सा चंचल है
सबका होकर भी न किसी का
अभी सुबह का, अभी शाम का
अभी रुदन का, अभी हँसी का
और इसी भौंरे की ग़लती क्षमा न यदि ममता कर देती
ईश्वर तक अपराधी होता पूरा खेल दुबारा होता।
प्यार अगर...

जीवन क्या है एक बात जो
इतनी सिर्फ़ समझ में आए—
कहे इसे वह भी पछताए
सुने इसे वह भी पछताए
मगर यही अनबूझ पहेली शिशु सी सरल सहज बन जाती

अगर तर्क को छोड़ भावना के संग किया गुज़ारा होता।
प्यार अगर...

मेघदूत रचती न ज़िन्दगी
वनवासिन होती हर सीता
सुन्दरता कंकड़ी आँख की
और व्यर्थ लगती सब गीता
पंडित की आज्ञा ठुकराकर, सकल स्वर्ग पर धूल उड़ाकर
अगर आदमी ने भोग का पूजन-पात्र जुठारा होता।
प्यारा अगर...

जाने कैसा अजब शहर यह
कैसा अलग मुसाफ़िरख़ाना
भीतर से लगता पहचाना
बाहर से दिखता अनजाना
जब भी यहाँ ठहरने आता एक प्रश्न उठता है मन में
कैसा होता विश्व कहीं यदि कोई नहीं किवाड़ा होता।
प्यार अगर...

हर घर-आँगन रंगमंच है
औ हर एक साँस कठपुतली
प्यार सिर्फ़ वह डोर कि जिस पर
नाचे बादल, नाचे बिजली,
तुम चाहे विश्वास न लाओ लेकिन मैं तो यही कहूँगा
प्यार न होता धरती पर तो सारा जग बंजारा होता।
प्यार अगर....

खिड़की बन्द कर दो

अब सही जाती नहीं यह निर्दयी बरसात—
खिड़की बन्द कर दो।

यह खड़ी बौछार, यह ठंडी हवाओं के झकोरे,
बादलों के हाथ में यह बिजलियों के हाथ गोरे
कह न दें फिर प्राण से कोई पुरानी बात—
खिड़की बन्द कर दो।

वो अकेलापन कि अपनी साँस लगती फाँस जैसी,
काँपती पीली शिखा दिखती दीये की लाश जैसी,
जान पड़ता है न होगा इस निशा का प्रात—
खिड़की बन्द कर दो।

था यही वह वक़्त मेरे वक्ष में जब सिर छिपाकर,
था कहा तुमने तुम्हारी प्रीति है मेरी महावर,
बन गई कालिख तुम्हें पर अब वही सौग़ात—
खिड़की बन्द कर दो।

अब न तुम वह, अब न मैं वह, वे न मन में कामनाएँ,
आँसुओं में घुल गयीं अनमोल सारी भावनाएँ,
किसलिए चाहूँ चढ़े फिर उम्र की बारात—
खिड़की बन्द कर दो!

रो न मेरे मन, न गीला आँसुओं से कर बिछौना,
हाथ मत फैला पकड़ने को लड़कपन का खिलौना,
मेंह-पानी में निभाता कौन किसका साथ—
खिड़की बन्द कर दो।

तुम ही नहीं मिले जीवन में

पीड़ा मिली जनम के द्वारे अपयश पाश नदी किनारे
इतना कुछ मिल गया एक बस तुम ही नहीं मिले जीवन में।

हुई दोस्ती ऐसी दुख से
हर मुशकिल बन गई रुबाई,
इतना प्यार जलन कर बैठी
क्वाँरी ही मर गई जुन्हाई,
बगिया में न पपीहा बोला, द्वार न कोई उतरा डोला,
सारा दिन कट गया बीनते काँटे उलझे हुए वसन में।
पीड़ा मिली जनम के द्वारे...

कहीं चुरा ले चोर न कोई
दर्द तुम्हारा, याद तुम्हारी,
इसीलिए जगकर जीवन-भर
आँसू ने की पहरेदारी,
बरखा गई सुने बिन वंशी औ' मधुमास रहा निरवंशी,
गुज़र गई हर रितु ज्यों कोई भिक्षुक दम तोड़ दे विजन में।
पीड़ा मिली जनम के द्वारे...।

घट भरने को छलके पनघट
सेज सजाने दौड़ी कलियाँ,
पर तेरी तलाश में पीछे
छूट गईं सब रस की गलियाँ,

सपने खेल न पाये होली, अरमानों के लगी न रोली,
बचपन झुलस गया पतझर में, यौवन भीग गया सावन में।
पीड़ा मिली जनम के द्वारे...

मिट्टी तक तो रूँदकर जग में
कंकड़ से बन गई खिलौना,
पर हर चोट ब्याह करके भी
मेरा सूना रहा बिछौना,
नहीं कहीं से पाती आई, नहीं कहीं से मिली बधाई
सूनी ही रह गई डाल इस इतने फूलों भरे चमन में।
पीड़ा मिली जनम के द्वारे...

तुम ही हो जिसकी ख़ातिर
निशि-दिन घूम रही यह तकली
तुम ही यदि न मिले तो है सब
व्यर्थ कताई असली-नक़ली,
अब तो और न देर लगाओ, चाहे किसी रूप में आओ,
एक सूत-भर की दूरी है बस दामन में और कफ़न में।
पीड़ा मिली जनम के द्वारे...

बिन धागे की सुई ज़िन्दगी

मेरा जीवन बिखर गया है, तुम चुन लो कंचन बन जाऊँ।

तुम पारस मैं अयस अपावन,
तुम अमरित, मैं विष की बेली,
तृप्ति तुम्हारी चरणन चेरी
तृष्णा मेरी निपट सहेली,

तन मन भूखा, जीवन भूखा,
सारा खेत पड़ा है सूखा,
तुम बरसो घनश्याम तनिक तो
मैं अषाढ़ सावन बन जाऊँ।
मेरा जीवन बिखर गया है...

यश की बनी अनुचरी प्रतिभा,
बिकी अर्थ के हाथ भावना,
काम-क्रोध का द्वारपाल मन,
लालच के घर रेहन कामना,

अपना ज्ञान न जग का परिचय
बिना मंच का सारा अभिनय,
सूत्रधार तुम बनो अगर तो
मैं अदृश्य दर्शन बन जाऊँ।
मेरा जीवन बिखर गया है...

बिन धागे की सुई ज़िन्दगी
सिये न कुछ, बस चुभ-चुभ जाए,
कटी पतंग समान सृष्टि यह
ललचाए, पर हाथ न आए,

रीती झोली जर्जर कन्धा,
अटपट मौसम, दुस्तर पन्था,
तुम यदि साथ रहो तो फिर मैं
मुक्तक रामायण बन जाऊँ।
मेरा जीवन बिखर गया है....

बुदबुद तक मिटकर हिलोर इक
उठा गया सागर अकूल में,
पर मैं ऐसा मिटा कि अब तक
फूल न बना, न मिला धूल में,

कब तक और सहूँ यह पीड़ा
अब तो ख़त्म करो प्रभु! क्रीड़ा,
इतनी दो न थकान कि जब तुम
आओ, मैं दृग खोल न पाऊँ।
मेरा जीवन बिखर गया है...

जीवन नहीं मरा करता है

छुप-छुप अश्रु बहाने वालो!
मोती व्यर्थ लुटाने वालो!
कुछ सपनों के मर जाने से जीवन नहीं मरा करता है।

सपना क्या है? नयन सेज पर
सोया हुआ आँख का पानी,
और टूटना है उसका ज्यों
जागे कच्ची नींद जवानी,
गीली उमर बनाने वालो।
डूबे बिना नहाने वालो!
कुछ पानी के बह जाने से सावन नहीं मरा करता है।

माला बिखर गई तो क्या है
ख़ुद ही हल हो गई समस्या,
आँसू गर नीलाम हुए तो
समझो पूरी हुई तपस्या,
रूठे दिवस मनाने वालो!
फटी कमीज़ सिलाने वालो!
कुछ दीपों के बुझ जाने से आँगन नहीं मरा करता है।

खोता कुछ भी नहीं यहाँ पर
केवल जिल्द बदलती पोथी।
जैसे रात उतार चाँदनी
पहने सुबह धूप की धोती

वस्त्र बदलकर आने वालो!
चाल बदल कर जाने वालो!
चन्द खिलौनों के खोने से बचपन नहीं मरा करता है।

लाखों बार गगरियाँ फूटीं
शिकन न पर आई पनघट पर
लाखों बार किश्तियाँ डूबीं
चहल-पहल वो ही है तट पर
तम की उमर बढ़ाने वालो
लौ की आयु घटाने वालो
लाख करे पतझर कोशिश पर उपवन नहीं मरा करता है।

लूट लिया माली ने उपवन
लुटी न लेकिन गन्ध फूल की,
तूफ़ानों तक ने छेड़ा पर
खिड़की बन्द न हुई धूल की,
नफ़रत गले लगाने वालो।
सब पर धूल उड़ाने वालो!
कुछ मुखड़ों की नाराज़ी से दर्पन नहीं मरा करता है।

बेशरम समय शरमा ही जाएगा

बूढ़े अम्बर से माँगो मत पानी
मत टेरो भिक्षुक को कहकर दानी
धरती की तपन न हुई अगर कम तो
सावन का मौसम आ ही जाएगा।

मिट्टी का तिल-तिलकर जलना ही तो
उसका कंकड़ से कंचन होना है
जलना है नहीं अगर जीवन में तो
जीवन मरीज़ का एक बिछौना है
अँगारों को मनमानी करने दो
लपटों को हर शैतानी करने दो
समझौता कर न लिया गर पतझर से
आँगन फूलों से छा ही जाएगा।
बूढ़े अम्बर से....

वे ही मौसम को गीत बनाते जो
मिज़राब पहनते हैं विपदाओं की
हर ख़ुशी उन्हीं को दिल देती है जो
पी जाते हर नाख़ुशी हवाओं की
चिन्ता क्या जो टूटा हर सपना है
परवाह नहीं जो विश्व न अपना है
तुम ज़रा बाँसुरी में स्वर फूँकों तो
पपिहा दरवाज़े गा ही जाएगा।
बूढ़े अम्बर से...

जो ऋतुओं की तक़दीर बदलते हैं
वे कुछ-कुछ मिलते हैं वीरानों से
दिल तो उनके होते हैं शबनम के
सीने उनके बनते चट्टानों से
हर सुख को हरजाई बन जाने दो,
हर दुख को परछाईं बन जाने दो,
यदि ओढ़ लिया तुमने ख़ुद शीश कफ़न,
क़ातिल का दिल घबरा ही जाएगा।
बूढ़े अम्बर से....

दुनिया क्या है, मौसम की खिड़की पर
सपनों की चमकीली-सी चिलमन है,
परदा गिर जाए तो निशि ही निशि है
परदा उठ जाए तो दिन ही दिन है,
मन के कमरों के दरवाज़े खोलो
कुछ धूप और कुछ आँधी में डोलो
शरमाए पाँव न यदि कुछ काँटों से
बेशरम समय शरमा ही जाएगा।
बूढ़े अम्बर से...

हमारो रंग केसरिया

दुनिया को रंग दुरंग! हमारो रंग केसरिया।।
कोई रंग चूनर धानी,
काहू की चोली पे चाँदी को पानी
ऐसे रंग रँगे पर हम तो रँग गई सारी उमरिया।
हमारो रंग केसरिया।।

कोई पिया की दिन की सहेली,
महके किसी की रात हथेली,
हरदम साथ रहें पर हम ज्यों बादल संग बिजुरिया।
हमारो रंग केसरिया।।

कोई सजन की अँगुरी की मुँदरी,
कोई बलम की आँखों की पुतरी
बिन माँगे अधरा रस चाखे हम अपने श्याम की बँसुरिया।।

कोई मथुरा-काशी जाए,
कोई मसान में धूनी रमाए,
सारे रस्ते छोड़ चले हम अपने पी के नगरिया।
हमारो रंग केसरिया।।

आँसू जब सम्मानित होंगे

आँसू जब सम्मानित होंगे मुझको याद किया जाएगा
जहाँ प्रेम का चर्चा होगा मेरा नाम लिया जाएगा।।

मान-पत्र मैं नहीं लिख सका
राजभवन के सम्मानों का
मैं तो आशिक़ रहा जनम से
सुन्दरता के दीवानों का
लेकिन था मालूम नहीं ये
केवल इस ग़लती के कारण
सारी उम्र भटकने वाला
मुझको शाप दिया जाएगा।
आँसू जब सम्मानित होंगे।

खिलने को तैयार नहीं थी
तुलसी भी जिनके आँगन में
मैंने भर भर दिये सितारे
उनके मटमैले दामन में
पीड़ा के सँग रास रचाया
आँख भरी तो झूमके गाया
जैसे मैं जी लिया, किसी से
क्या इस तरह जिया जाएगा।
आँसू जब सम्मानित होंगे।

काजल और कटाक्षों पर तो
रीझ रही थी दुनिया सारी
मैंने किन्तु बरसनेवाली
आँखों की आरती उतारी
रंग उड़ गये सब सतरंगी
तार-तार हर साँस हो गई
फटा हुआ यह कुर्ता अब तो
ज़्यादा नहीं सिया जाएगा
आँसू जब सम्मानित होंगे।

जब भी कोई सपना टूटा
मेरी आँख वहाँ बरसी है
तड़पा हूँ मैं जब भी कोई
मछली पानी को तरसी है,
गीत दर्द का पहला बेटा
दुख है उसका खेल खिलौना
कविता तब मीरा होगी जब
हँसकर ज़हर पिया जाएगा।
आँसू जब सम्मानित होंगे।

अपनी बानी प्रेम की बानी

अपनी बानी प्रेम की बानी
घर समझे न गली समझे
या इसे नन्द-लला समझे जी
या इसे बृज की लली समझे!

हिन्दी नहीं यह, उर्दू नहीं यह
है यह पिया की क़सम,
इसकी सियाही आँखों का पानी,
दर्द की इसकी क़लम,
लागे-किसी को मिसरी-सी मीठी
कोई नम की डली समझे!
अपनी बानी प्रेम की बानी...

इसकी अदा पर मर गई मीरा,
मोहे दास कबीर,
अँधेरे सूर को आँखें मिल गईं
खाकर इसका तीर,
चोट लगे तो कली समझे इसे
सूली चढ़े तो अली समझे।
अपनी बानी प्रेम की बानी...

बोली यही तो बोले पपीहा
घुमड़ें कि जब घनश्याम,
जल जाए दीपक पे पतंगा
लेके इसी का नाम,

पंछी इसे असली समझे पर
पिंजरा इसे नक़ली समझे!
अपनी बानी प्रेम की बानी...

सूरज की गर्मी, चन्दा की ठंडक,
इसमें अनन्त वसन्त
अपढ़ पढ़े बन जाए पंडित,
ज्ञानी पढ़े हो सन्त,
बिन नैया के पार हुए वे
इसको जो मुक्ति-गली समझे!
अपनी बानी प्रेम की बानी....

जिसने इसे होठों पे बिठाया,
हो गया वह बेदीन
तड़पा उमर-भर ऐसे कि जैसे
तड़पपे बिना जल मीन,
बुद्धि इसे पगली समझे पर
मन रस की बदली समझे!
अपनी बानी प्रेम की बानी...

अर्थों में ध्वनि यह, ग्रंथों में गीता,
वेदों में यह रस-वेद,
इक धागे में सबको पिरोये
भेदों में बनके अभेद
यह है समर्पण, यह है विसर्जन
कैसे इसे रे छली समझे!
अपनी बानी प्रेम की बानी....

मस्ती के बन की है यह हिरनिया,
घूमे सदा निर्द्वन्द्व,
रस्सी से इसको बाँधो न साधो!
घर में करो ना बन्द
हम जो अरथ समझे इसका वह
फूँक के बाती जली समझे!
अपनी बानी प्रेम की बानी...

प्यार की कहानी चाहिए

आदमी को आदमी बनाने के लिए
ज़िन्दगी में प्यार की कहानी चाहिए
और कहने के लिए कहानी प्यार की
स्याही नहीं, आँखोंवाला पानी चाहिए।

जो भी कुछ लुटा रहे हो तुम यहाँ
वो ही बस तुम्हारे साथ जाएगा,
जो छुपाके रक्खा है तिजोरी में
वो तो धन न कोई काम आएगा,
सोने का ये रंग छूट जाना है
हर किसी का संग छूट जाना है,
आख़िरी सफ़र के इन्तज़ाम के लिए
जेब भी कफ़न में इक लगानी चाहिए।
आदमी को आदमी...

रागिनी है एक प्यार की
जिन्दगी कि जिसका नाम है
गाके गर कटे तो है सुबह
रोके गर कटे तो शाम है
शब्द और ज्ञान व्यर्थ है
पूजा-पाठ ध्यान व्यर्थ है
आँसुओं को गीतों में बदलने के लिए
लौ किसी यार से लगानी चाहिए।
आदमी को आदमी...

ओ दुखों में मुस्करा दिया
वो तो इक गुलाब बन गया
दूसरों के हक़ में जो मिटा
प्यार की किताब बन गया,
आग और अंगारा भूल जा
तेग़ और दुधारा भूल जा
दर्द को मशाल में बदलने के लिए
अपनी सब जवानी ख़ुद जलानी चाहिए।
आदमी को आदमी...।।

दर्द गर किसी का तेरे पास है
वो ख़ुदा मेरे बहुत क़रीब है
प्यार का जो रस नहीं है आँखों में
कैसा हो अमीर तू ग़रीब है
खाता और बही तो रे बहाना है
चेक और सही तो रे बहाना है
सच्ची साख मंडी में कमाने के लिए
दिल की कोई हुंडी भी भुनानी चाहिए।
आदमी को आदमी...

इसीलिए तो

इसीलिए तो नगर-नगर बदनाम हो गये मेरे आँसू
मैं उनका हो गया कि जिनका कोई पहरेदार नहीं था!

जिनका दुख लिखने की ख़ातिर
मिली न इतिहासों को स्याही,
क़ानूनों को नाख़ुश करके
मैंने उनकी भरी गवाही

जले उमर-भर फिर भी जिनकी
अर्थी उठी अँधेरे में ही,
ख़ुशियों की नौकरी छोड़कर
मैं उनका बन गया सिपाही

पद-लोभी आलोचक कैसे करता दर्द पुरस्कृत मेरा
मैंने जो कुछ गाया उसमें करुणा थी, शृंगार नहीं था।
इसीलिए तो...

मैंने चाहा नहीं कि कोई
आकर मेरा दर्द बँटाए,
बस यह ख़्वाहिश रही कि—
मेरी उमर ज़माने को लग जाए,

चमचम चूनर-चोली पर तो
लाखों ही थे लिखने वाले,

मेरी मगर ढिठाई मैंने
फटी कमीज़ों के गुन गाए,

इसका ही यह फल है शायद कल जब मैं निकला दुनिया में
तिल-भर ठौर मुझे देने को मरघट तक तैयार नहीं था!
इसीलिए तो...

कोशिश भी की किन्तु हो सका
मुझसे यह न कभी जीवन में
इसका साथी बनूँ जेठ में
उससे प्यार करूँ सावन में

जिसको भी अपनाया उसकी
याद सँजोई मन में ऐसे
कोई साँझ सुहागिन दीवा
बाले ज्यों तुलसी-पूजन में,

फिर भी मेरे स्वप्न मर गये अविवाहित केवल इस कारण
मेरे पास सिर्फ़ कुंकुम था, कंगन पानीदार नहीं था।
इसीलिए तो...

दोषी है तो बस इतनी ही
दोषी है मेरी तरुणाई,
अपनी उमर घटाकर मैंने
हर आँसू की उमर बढ़ाई,

और गुनाह किया है कुछ तो
इतना सिर्फ़ गुनाह किया है,
लोग चले जब राजभवन को
मुझको याद झोंपड़ी आई,

आज भले कुछ भी कह लो तुम, पर कल विश्व कहेगा सारा
नीरज से पहले गीतों में सब कुछ था, पर प्यार नहीं था।
इसीलिए तो...

लुटेरों का समर्थन कर रहे हैं

अब उजालों को यहाँ बनवास ही लेना पड़ेगा
सूर्य के बेटे अँधेरों का समर्थन कर रहे हैं।

एक भी क़न्दील जलती है कहीं पर भी न कोई
जुगनुओं की रोशनी में काम चलता है शहर का
इस क़दर अमरित सरे बाज़ार अपमानित हुआ है—
हो गया है भाव ऊँचा सब दुक़ानों पर ज़हर का
लग रहा है अब परीक्षित यज्ञ फिर कोई करेगा
रस-विधायक स्वर, सपेरों का समर्थन कर रहे हैं।

था सुना हमने कि जिनके खाँसने भर से कभी
जागती थी क़िस्मतें सोये ज़मानों की
और जिनके क्रोध की चिनगारियाँ छूकर
टूट जाती थी सलाखें जेलख़ानों की
आज वो ही लोग पद के लोभ-लालच में
राष्ट्र में निर्मम लुटेरों का समर्थन कर रहे हैं।
अब उजालों को यहाँ बनवास ही लेना पड़ेगा।

जेलख़ानों की तरफ़ ही मुड़ गये हैं रास्ते सब
हर किसी के शीश पर तलवार इक नंगी खड़ी है
एक क़ब्रिस्तान की मानिन्द है ख़ामोश बस्ती
उल्लुओं की ही महज़ आवाज़ पेड़ों पर जड़ी है
नीड़ का निर्माण करते थे कि बुलबुल के लिए जो
चील-गिद्धों के बसेरों का समर्थन कर रहे हैं।
अब उजालों को यहाँ बनवास ही लेना पड़ेगा।

क़िस्मत

देख जिसे मधुबालाएँ भी
भूल गईं मदभरी अदाएँ,
जिसको देख शर्म से सकुचीं
मधुबन की खुलती कलिकाएँ,

मोल जिसे लेना चाहा था
जग ने कंचन के ढेरों से,
मोल जिसे चाहा परियों ने
बाँहों के प्रणयी फेरों से,
लेकिन क़िस्मत—
सूखी वह मुसकान अधर की अपनी भूलों पर मुसकाकर!

जिसकी अद्‌भुत चाल देखकर
तूफ़ानों ने किया समर्पण,
जिसकी दृढ़ पतवार देखकर
भूल गया सागर गुरु गर्जन,

जिसके माँझी की स्वर-लहरी
गूँजी सरि, सागर, अम्बर पर,
जिसकी मस्ती देख लहरियाँ—
दौड़ीं तट की ओर सहमकर,
लेकिन क़िस्मत—
डूब गई वह जीवन-नैया तट से ही टकरा-टकराकर!

जिनसे खेल-खेल कटती थीं।
कभी न कटनेवाली रातें
जिनके बल पर ही सुन ली थीं
कभी न सुननेवाली बातें,

जो अपने एकाकीपन में
मन बहलाने के साधन थे,
जो पतझर के हास और चिर—
एकमात्र निर्धन के धन थे
लेकिन क़िस्मत—
खोये वे नयनों के मोती सूने पृष्ठों पर गिर-गिरकर!

नहीं मिला...

सुख के साथी मिले हज़ारों ही लेकिन
दुख में साथ निभाने वाला नहीं मिला।

जब तक रही बहार उमर की बगिया में
जो भी आया द्वार, चाँद लेकर आया,
पर जिस दिन झर गयी गुलाबों की पँखुरी,
मेरा आँसू मुझ तक आते शरमाया,
जिसने चाहा मेरे फूलों को चाहा,
नहीं किसी ने लेकिन शूलों को चाहा,
मेला साथ दिखाने वाले मिले बहुत,
सूनापन बहलाने वाला नहीं मिला।
सुख के साथी...

कोई रंग-बिरंगे कपड़ों पर रीझा,
मोहा कोई मुखड़े की गोराई से,
लुभा किसी को गयी कंठ की कोयलिया,
उलझा कोई केशों की घुँघराई से,
जिसने देखी बस मेरी डोली देखी,
नहीं किसी ने पर दुलहन भोली देखी
तन के तीर तैरने वाले मिले सभी,
मन के घाट नहाने वाला नहीं मिला।
सुख के साथी....

मैं जिस दिन सोकर जागा मैंने देखा,
मेरे चारों ओर ठगों का जमघट है,
एक इधर से एक उधर से लूट रहा,
छिस-छिन रीत रहा मेरा जीवन-घट है,
सबकी आँख लगी थी गठरी पर मेरी,
और मची थी आपस में मेरा-तेरी,
जितने मिले सभी बस धन के चोर मिले,
लेकिन हृदय चुराने वाला नहीं मिला।
सुख के साथी...

रूठी सुबह डिठौना मेरा छुड़ा गयी,
गयी ले गयी तरुणाई सब दोपहरी,
हँसी-ख़ुशी सूरज-चन्दा के बाँट पड़ी,
मेरे हाथ रही केवल रजनी गहरी,
आकर जो लौटा कुछ लेकर ही लौटा,
छोटा और हो गया यह जीवन छोटा,
चीर घटाने वाले ही सब मिले यहाँ,
घटता चीर बढ़ाने वाला नहीं मिला।
सुख के साथी...

उस दिन जुगनू एक अँधेरी बस्ती में
भटक रहा था इधर-उधर भरमाया-सा,
आसपास था अन्तहीन बस अँधियारा
केवल था शिर पर निज लौ का साया-सा,
मैंने पूछा तेरी नींद कहाँ खोई
वह चुप रहा, मगर उसकी ज्वाला रोई—
"नींद चुराने वाले ही तो मिले यहाँ,
कोई गोद सुलाने वाला नहीं मिला।"
सुख के साथी...

दिया जलता रहा...

"जी उठे शायद शलभ इस आस में
रात भर रो रो दिया जलता रहा।"

थक गया जब प्रार्थना का पुण्य, बल,
सो गई जब साधना होकर विफल,
जब धरा ने भी नहीं धीरज दिया,
व्यंग्य जब आकाश ने हँसकर किया,
आग तब पानी बनाने के लिए—
रात भर रो-रो दिया जलता रहा।
"जी उठे शायद शलभ इस आस में
रात भर रो-रो दिया जलता रहा।"

बिजलियों का चीर पहने थी दिशा,
आँधियों के पर लगाये भी निशा,
पर्वतों की बाँह पकड़े था पवन,
सिन्धु को सिर पर उठाये था गगन,
सब रुके, पर प्रीति की अर्थी लिये
आँसुओं का कारवाँ चलता रहा।
"जी उठे शायद शलभ इस आस में
रात भर रो रो दिया जलता रहा।"

काँपता तम, थरथराती लौ रही,
आग अपनी भी न जाती थी सही,
लग रहा था कल्प-सा हर एक पल

बन गई थीं सिसकियाँ साँसें विकल,
पर न जाने क्यों उमर की डोर में
प्राण बँध तिल-तिल सदा गलता रहा?
"जी उठे शायद शलभ इस आस में
रात भर रो-रो दिया जलता रहा।"

सो मरण की नींद निशि फिर फिर जगी,
शूल के शव पर कली फिर फिर उगी,
फूल मधुपों से बिछुड़करभी खिला,
पंथ पंथी से भटक कर भी चला,
पर बिछुड़ कर एक क्षण को जन्म से
आयु का योवन सदा ढलता रहा।
"जी उठे शायद शलभ इस आस में
रात भर रो-रो दिया जलता रहा।"

धूल का आधार हर उपवन लिये,
मृत्यु से श्रृंगार हर जीवन किये,
जो अमर है वह न धरती पर रहा,
मर्त्य का ही भार मिट्टी ने सहा
प्रेम को अमरत्व देने को मगर,
आदमी ख़ुद को सदा छलता रहा।
"जी उठे शायद शलभ इस आस में
रात भर रो-रो दिया जलता रहा।"

मुहूरत निकल जाएगा...

देखती ही न दर्पण रहो प्राण! तुम
प्यार का यह मुहूरत निकल जाएगा।

साँस की तो बहुत तेज रफ़्तार है,
और छोटी बहुत है मिलन की घड़ी,
आँजते आँजते ही नयन बावरे,
बुझ न जाए कहीं उम्र की फुलझड़ी,

सब मुसाफिर यहाँ, सब सफ़र पर यहाँ,
ठहरने की इजाज़त किसी को नहीं,
केश ही तुम न बैठी गुँथाती रहो,
देखते-देखते चाँद ढल जाएगा।

देखती ही न दर्पण रहो प्राण! तुम
प्यार का यह मुहूरत निकल जाएगा।

झूमती गुनगुनाती हुई यह हवा,
कौन जाने कि तूफ़ान के साथ हो,
क्या पता इस निदासे गगन के तले
यह हमारे लिए आख़िरी रात हो,

ज़िन्दगी क्या—समय के बियाबान में
एक भटकी हुई फूल की गन्ध है,

चूड़ियाँ ही न तुम खनखनाती रहो,
कल दिये को सबेरा निगल जाएगा।

देखती ही न दर्पण रहो प्राण! तुम
प्यार का यह मुहूरत निलक जाएगा।

यह महकती निशा, यह बहकती दिशा,
कुछ नहीं, है शरारत किसी शाम की,
चाँदनी की चमक, दीपक की यह दमक,
है हँसी बस किसी एक बेनाम की,

है लगी होड़ दिन-रात में प्रिय! यहाँ,
धूप के साथ लिपटी हुई छाँह है,
वस्त्र ही तुम बदलकर न आती रहो,
यह शरमसार मौसम बदल जाएगा।

देखती ही न दर्पण रहो प्राण! तुम
प्यार का यह मुहूरत निकल जाएगा।

होठ पर जो सिसकते पड़े गीत ये,
एक आवाज़ के सिर्फ़ मेहमान हैं,
ऊँघती पुतलियों में जड़े जो सपन,
वे किन्हीं आँसुओं से मिले दान हैं,

कुछ न मेरा न कुछ है तुम्हारा यहाँ
कर्ज़ के ब्याज पर सिर्फ़ हम जी रहे,
माँग ही तुम न बैठी सजाती रहो,
आ गया जो महाजन न टल पाएगा।

देखती ही न दर्पण रहो प्राण! तुम
प्यार का यह मुहूरत निकल जाएगा।

कौन शृंगार पूरा यहाँ कर सका?
सेज जो भी सजी सो अधूरी सजी,
हार जो भी गुँथा सो अधूरा गुँथा,
वीन जो भी बजी सो अधूरी बजी,

हम अधूरे, अधूरा हमारा सृजन,
पूर्ण तो एक बस प्रेम ही है यहाँ,
काँच से ही न नज़रें मिलाती रहो,
बिम्ब को मूक प्रतिबिम्ब छल जाएगा।

देखती ही न दर्पण रहो प्राण! तुम
प्यार का यह मुहूरत निकल जाएगा।

सूनी सूनी साँस की सितार पर...

सूनी सूनी साँस की सितार पर,
गीले गीले आँसुओं के तार पर,
एक गीत सुन रही है ज़िन्दगी,
एक गीत गा रही है ज़िन्दगी।

चढ़ रहा है सूर्य उधर, चाँद इधर ढल रहा,
झर रही है रात यहाँ, प्रात वहाँ खिल रहा,
जी रही है एक साँस एक साँस मर रही,
बुझ रहा है एक दीप, एक दीप जल रहा,
इसलिए मिलन-विरह-विहान में—
इक दिया जला रही है ज़िन्दगी,
इक दिया बुझा रही है ज़िन्दगी।

रोज फूल कर रहा है धूल के लिए सिंगार,
और डालती है रोज़ धूल फूल पर अंगार,
कूल के लिए लहर-लहर विकल मचल रही,
किन्तु कर रहा है कूल बूँद-बूँद पर प्रहार,
इसलिए घृणा-विदग्ध-प्रीति को—
एक क्षण हँसा रही है ज़िन्दगी,
एक क्षण रुला रही है ज़िन्दगी।

एक दीप के लिए पतंग कोटि मिट रहे,
एक मीत के लिए असंख्य मीत छुट रहे,
एक बूँद के लिए गले ढले हज़ार मेघ,

एक अश्रु से सजीव सौ सपन लिपट रहे
इसलिए सृजन- विनाश- सन्धि पर—
एक घर बसा रही है ज़िन्दगी,
एक घर मिटा रही है ज़िन्दगी।

सो रहा है आसमान, रात रो रही खड़ी,
जल रही बहार, कली नींद में जड़ी पड़ी,
धर रही है उम्र की उमंग कामना शरीर,
टूट कर बिखर रही है साँस की लड़ी लड़ी,
इसलिए चिता की धूप छाँह में—
एक पल सुला रही है ज़िन्दगी,
एक पल जगा रही है ज़िन्दगी।

जा रही बहार, आ रही खिज़ाँ लिए हुए,
जल रही सुबह बुझी हुई शमा लिए,
रो रहा है अश्क, आ रही है आँख को हँसी,
राह चल रही है गर्दे-कारवाँ लिए हुए,
इसलिए मज़ार की पुकार पर—
एक बार आ रही है ज़िन्दगी,
एक बार जा रही है ज़िन्दगी।

धर्म है...

जिन मुश्किलों में मुस्कराना हो मना,
उन मुश्किलों में मुस्कराना धर्म है!

जिस वक़्त जीना ग़ैर-मुमकिन सा लगे,
उस वक़्त जीना फ़र्ज़ है इनसान का,
लाज़िम लहर के साथ है तब खेलना,
जब हो समुन्दर पर नशा तूफ़ान का,
जिस वायु का दीपक बुझाना ध्येय हो,
उस वायु में दीपक जलाना धर्म है!
जिन मुश्किलों में मुस्कराना हो मना,
उन मुश्किलों में मुस्कराना धर्म है!

हो ही नहीं मंज़िल कहीं जिस राह की,
उस राह चलना चाहिए संसार को,
जिस दर्द से सारी उमर रोते कटे,
वह दर्द पाना है जरूरी प्यार को,
जिस चाह का हस्ती मिटाना नाम है,
उस चाह पर हस्ती मिटाना धर्म है!
जिन मुश्किलों में मुस्कराना हो मना,
उन मुश्किलों में मुस्कराना धर्म है!

आदत पड़ी हो भूल जाने की जिसे,
हर दम उसी का नाम हो हर साँस पर,
उसकी खबर में ही सफ़र सारा कटे,

जो हर नज़र से हर तरह हो बेख़बर,
जिस आँख का आँखें चुराना काम हो,
उस आँख से आँखें मिलाना धर्म है!
जिन मुश्किलों में मुस्कराना हो मना,
उन मुश्किलों में मुस्कराना धर्म है!

जब हाथ से टूटे न अपनी हथकड़ी,
तब माँग लो ताक़त स्वयं जंज़ीर से,
जिस दम न थमती हो नयन-सावन-झड़ी,
उस दम हँसी ले लो किसी तस्वीर से,
जब गीत गाना-गुनगुनाना जुर्म हो,
तब गीत गाना-गुनगुनाना धर्म है!
जिन मुश्किलों में मुस्कराना हो मना,
उन मुश्किलों में मुस्कराना धर्म है!

अधिकार जब अधिकार पर शासन करे
तब छीनना अधिकार ही कर्तव्य है,
संहार ही हो जब सृजन के नाम पर,
तब सृजन का संहार ही भवितव्य है,
बस ग़रज़ यह गिरते हुए इनसान को,
हर तरह, हर विधि से उठाना धर्म है!
जिन मुश्किलों में मुस्कराना हो मना,
उन मुश्किलों में मुस्कराना धर्म है!

तुम्हें मेरी क़सम है...

आज तो मुझसे न शरमाओ—तुम्हें मेरी क़सम है।

आज बरसों बाद घायल पीर क्षण भर सो सकी है,
आज बरसों बाद गूँगी चाह मुखरित हो सकी है,
आज युग के बाद मेरी रात में दो चाँद चमके,
आज युग के बाद मेरी प्यास होठ भिगो सकी है,
आज चुम्बन की लगी बरसात अधरों की गली में,
बीच में दीवार सी फिर क्यों खड़ी सहमी शरम है?
आज तो मुझसे न शरमाओ—तुम्हें मेरी क़सम है।

चाँदनी तरु के तले अभिसार तम से कर रही है,
ओस गालों पर कली के चुम्बनों सी झर रही है,
रात के उभरे उरोजों में छिपाए चाँद मुखड़ा,
वह लता तरु की जवानी बाहुओं में भर रही है,
आँधियाँ अँगड़ा रही हैं आज कण-कण में धरा के,
आज ठंडी सृष्टि की चोली गरम, बोली नरम है।
आज तो मुझसे न शरमाओ—तुम्हें मेरी क़सम है।

बाहुओं की घाटियों में यह नदी जैसी जवानी,
आज बँधने को हुई लाचार लेकर आग पानी,
आज अधरों से अधर पर एक लिख दो गीत कोई,
और पढ़ लो आँख से सब अनकही मेरी कहानी,
मत हटाओ होठ इस डर से कि जूठे हो न जाएँ,
प्यार ने प्रेयसि! कभी माना नहीं कोई नियम है।
आज तो मुझसे न शरमाओ—तुम्हें मेरी क़सम है।

धुट चुकी रातें हजारों आज तब यह रात आई,
हो गये सौ सिन्धु मरु तब आँख अब यह मुस्कराई,
ढह गये लाखों महल तब सच हुआ यह एक सपना,
कोटि विष-घट चुक गये तब एक यह मधु-बूँद पाई,
इसलिए कल पर न टालो आज की अभिसार बेला,
प्रिय! मिलन के वास्ते यह रात क्या, हर रात कम है।
आज तो मुझसे न शरमाओ—तुम्हें मेरी क़सम है।

मत कहो संसार कल हम पर करेगा क्या इशारे,
मत सुनो क्या कर रहे हैं धर्म के विध्वंस सारे,
बस छिपा लो आज मेरी आग अपने वक्ष में तुम,
डूब जाने दो सदा को आज के सब चाँद, तारे,
यदि मिला अवकाश तो कल धर्मग्रन्थों को पढ़ूँगा
आज तो लेकिन सपर्मण ही सुमुखि! अपना धरम है।
आज तो मुझसे न शरमाओ—तुम्हें मेरी क़सम है।

अब तुम रूठो...

अब तुम रूठो, रूठे सब संसार, मुझे परवाह नहीं है।

दीप स्वयं बन गया शलभ अब जलते जलते,
मंज़िल ही बन गया मुसाफ़िर चलते चलते,
गाते गाते गेय हो गया गायक ही ख़ुद
सत्य स्वप्न ही हुआ स्वय को छलते छलते,
डूबे जहाँ कहीं भी तरी वहीं अब तट है,
अब चाहे हर लहर बने मँझधार मुझे परवाह नहीं है।
अब तुम रूठो, रूठे सब संसार, मुझे परवाह नहीं है।

अब पंछी को नहीं बसेरे की है आशा,
और बाग़बाँ को न बहारों की अभिलाषा,
अब हर दूरी पास, दूर है हर समीपता,
एक मुझे लगती अब सुख दुख की परिभाषा,
अब न ओठ पर हँसी, न आँखों में हैं आँसू,
अब तुम फेंकों मुझ पर रोज़ अँगार, मुझे परवाह नहीं है।
अब तुम रूठो, रूठे सब संसार, मुझे परवाह नहीं है।

अब मेरी आवाज़ मुझे टेरा करती है,
अब मेरी दुनियाँ मेरे पीछे फिरती है,
देखा करती है मेरी तस्वीर मुझे अब,
मेरी ही चिर प्यास अमृत मुझ पर झरती है,
अब मैं ख़ुद को पूज, पूज तुमको लेता हूँ,

बन्द रखो अब तुम मन्दिर के द्वार, मुझे परवाह नहीं है।
अब तुम रूठो, रूठे सब संसार, मुझे परवाह नहीं है।

अब हर एक नज़र पहचानी सी लगती है,
अब हर एक डगर कुछ जानी सी लगती है,
बात किया करता है अब सूनापन मुझसे,
टूट रही हर साँस कहानी सी लगती है,
अब मेरी परछाईं तक मुझ से न अलग है,
अब तुम चाहे करो घृणा या प्यार, मुझे परवाह नहीं है।
अब तुम रूठो, रूठे सब संसार, मुझे परवाह नहीं है।

गीत

तुम झूम झूम गाओ, रोते नयन हँसाओ,
मैं हर नगर डगर के काँटे बुहार दूँगा।

भटकी हुई पवन है,
सहमी हुई किरन है,
है पता नहीं सुबह का,
हर ओर तम गहन है,
तुम द्वार द्वार जाओ, परदे उघार आओ,
मैं सूर्य-चाँद सारे भू पर उतार दूँगा।
तुम झूम झूम गाओ।

गीला हरेक आँचल,
टूटी हरेक पायल,
व्याकुल हरेक चितवन,
घायल हरेक काजल,
तुम सेज-सेज जाओ, सपने नये सजाओ,
मैं हर कली अली के पी को पुकार दूँगा।
तुम झूम झूम गाओ।

विधवा हरेक डाली,
हर एक नीड़ खाली,
गाती न कहीं कोयल,
दिखता न कहीं माली,

तुम बाग़ बाग़ जाओ, हर फूल को जगाओ,
मैं धूल को उड़ाकर सबको बाहर दूंगा।
तुम झूम झूम गाओ!

मिट्टी उजल रही है,
धरती सँभल रही है,
इनसान जग रहा है,
दुनिया बदल रही है,
तुम खेत खेत जाओ, दो बीज डाल आओ,
इतिहास से हुई मैं ग़लती सुधार दूँगा।
तुम झुम झूम गाओ।

कोई नहीं पराया

कोई नहीं पराया, मेरा घर सारा संसार है।

मैं न बँधा हूँ देश-काल की ज़ंग लगी जंज़ीर में,
मैं न खड़ा हूँ जाति-पाँति की ऊँची-नीची भीड़ में,
मेरा धर्म न कुछ स्याही-शब्दों का एक ग़ुलाम है,
मैं बस कहता हूँ कि प्यार है तो घट-घट में राम है,
मुझसे तुम न कहो मन्दिर-मस्जिद पर मैं सर टेक दूँ,
मेरा तो आराध्य आदमी, देवालय हर द्वार है।
कोई नहीं पराया, मेरा घर सारा संसार है।।

कहीं रहे कैसे भी मुझको प्यारा यह इनसान है,
मुझको अपनी मानवता पर बहुत-बहुत अभिमान है,
अरे नहीं देवत्व मुझे तो भाता है मनुजत्व ही,
और छोड़कर प्यार, नहीं स्वीकार सकल अमरत्व भी,
मुझे सुनाओ तुम न स्वर्ग-सुख की सुकुमार कहानियाँ,
मेरी धरती सो-सौ स्वर्गों से ज्यादा सुकुमार है।
कोई नहीं पराया, मेरा घर सारा संसार है।।

मुझे मिली है प्यास विषमता का विष पीने के लिए,
मैं जन्मा हूँ नहीं स्वयं-हित, जग-हित जीने के लिए,
मुझे दी गई आग कि तम को मैं आग लगा सकूँ,
गीत मिले इसलिए कि घायल जग की पीड़ा गा सकूँ,
मेरे दर्दीले गीतों को मत पहनाओ हथकड़ी,

मेरा दर्द नहीं मेरा है, सबका हाहाकार है।
कोई नहीं पराया, मेरा घर सारा संसार है।।

मैं सिखलाता हूँ कि जिओ औ' जीने दो संसार को,
जितना ज्यादा बाँट सको तुम बाँटो अपने प्यार को,
हँसी इस तरह, हँसे तुम्हारे साथ दलित यह धूल भी,
चलो इस तरह कुचल न जाए पग से कोई शूल भी,
सुख, न तुम्हारा सुख केवल जग का भी उसमें भाग है,
फूल डाल का पीछे, पहले उपवन का शृंगार है।
कोई नहीं पराया, मेरा घर सारा संसार है।।

दुश्मन को अपना हृदय ज़रा देकर देखो!

वह नफ़रत की बारूद न बिखराओ साथी!
यह युद्धों का ज़हरीला नारा बन्द करो,
जो प्यार तिजोरी-सेफ़ों में है तड़प रहा
उसके बन्धन खोलो, उसको स्वच्छन्द करो!

मृत मानवता ज़िन्दगी माँगती है तुमसे
दो बूँद स्नेह की उसके प्राणों में ढालो,
आदम का जो यह स्वर्ग हो रहा है मरघट
जाओ ममता का एक दिया उसमें बालो!

निर्माण घृणा से नहीं, प्यार से होता है
सुख-शान्ति खड्ग पर नहीं, फूल पर चलते हैं,
आदमी देह से नहीं, नेह से जीता है
बम्बों से नहीं, बोल से वज्र पिघलते हैं।

तुम डरो न, आगे आओ निज भुज फैलाओ
है प्यार जहाँ, तलवार वहाँ झुक जाती है,
पतवार प्रेम की छू जाए जिस किश्ती को
मँझधार, पार उसको ख़ुद पहुँचा आती है।

जिसके अधरों पर गीत प्रेम का जीवित है
वह हँसकर तूफ़ानों को गोद खिलाता है,
जिसके सीने में दर्द छुपा है दुनिया का
सैलाबों से बढ़कर वह हाथ मिलाता है।

कितना ही क्यों न बड़ा हो घाव हृदय में, पर
सच कहता हूँ यह प्यार उसे भर सकता है,
कैसा ही बाग़ी—दुश्मन हो आदमी मगर
बस एक अश्रु का तार क़ैद कर सकता है।

कितना ही ऊबड़-खाबड़ हो रास्ता किन्तु
वह प्यार फूल-सा तुम्हें उठा ले जाएगा,
कैसी ही भीषण अँधियारी हो धुआँ-धुन्ध
पर एक स्नेह का दीप सुबह ले आएगा।

मैं इसीलिए अक्सर लोगों से कहता हूँ
जिस जगह बँटे नफ़रत, जा प्यार लुटाओ तुम,
जो चोट करे तुम पर उसके चूम लो हाथ
जो गाली दे उसको आशीष पिन्हाओ तुम।

तुम शान्ति नहीं ला पाए युद्धों के द्वारा
अब फेंक ज़रा तलवार, प्यार लेकर देखो,
सच मानो निश्चय विजय तुम्हारी ही होगी
दुश्मन को अपना हृदय ज़रा देकर देखो।

जब सूना सूना...

जब सूना सूना तुम्हें लगे जीवन अपना
तुम मुझे बुलाना—मैं गुंजन बन आऊँगा!

जिस दिन तक बगिया में भौरों की रहे भीड़
उस दिन तक तुम मत आने देना मुझे पास,
जिस दिन तक बुलबुल गाती रहे बहारों को
उस दिन तक मत पूछना कि मैं क्यों हूँ उदास
लेकिन जिस दिन पथ पर सपनों की उड़े धूल
तब मुझे बुलाना—मैं चन्दन बन आऊँगा!
जब सूना सूना तुम्हें लगे जीवन अपना
तुम मुझे बुलाना—मैं गुंजन बन आऊँगा!!

जब गूँथ रहा हो चाँद रात के खुले बाल,
तब याद न करना इस कुटिया अँधियारी को,
मधुऋतु मधुवन में जब सिन्दूर लुटाती हो
बिसरा होना तब इस विधवा फुलवारी को
लेकिन आकर पतझार तुम्हें जब झकझोरे
तुम मुझे बुलाना—मैं सावन बन आऊँगा!
जब सूना सूना तुम्हें लगे जीवन अपना
तुम मुझे बुलाना—मैं गुंजन बन आऊँगा!!

जब तक नर्गिस की पाँति नयन में शरमाये,
तब तक न समझना तुम इन आँखों की भाषा,
मुस्काएँ अधरों पर जब तक फूले गुलाब,

तब तक न जानना तुम मैं हूँ कितना प्यासा,
पर जब कोई अंगार कपोलों को चूमे
तब मुझे बुलाना—मैं चुम्बन बन आऊँगा!
जब सूना सूना तुम्हें लगे जीवन अपना
तुम मुझे बुलाना—मैं गुंजन बन आऊँगा!!

हो मठ में जब तक गूँज शंख-घड़ियालों की
मेरी पूजा तब तक तुम ठुकराते रहना,
गीतों के गजरों से जब तक तुम सजे रहो
मेरे आँसू तब तक तुम तड़पाते रहना,
ढह जाए मठ पर जब श्रृंगार बिखर जाए
तब मुझे बुलाना—मैं दर्शन बन आऊँगा!
जब सूना सूना तुम्हें लगे जीवन अपना
तुम मुझे बुलाना—मैं गुंजन बन आऊँगा!!

जब प्यार लुटाने निकलो तुम संसार बीच
मेरे अनाथ मन को तब याद नहीं आना,
वरदान बाँटने आओ जब तुम दुनिया में
मेरे भिक्षुक-सपनों पर खाक उड़ा जाना,
पर जब ठुकराओ प्यार किसी का तुम जग में
तब मुझे बुलाना—मैं पाहन बन आऊँगा!
जब सूना सूना तुम्हें लगे जीवन अपना
तुम मुझे बुलाना—मैं गुंजन बन आऊँगा!!

मेरा मन तो है क़ैद कफ़न के घूँघट में
तन मरघट के हाथों का एक खिलौना है,
ये मेरी साँसें ही मेरी ज़ंज़ीरें हैं,
कुछ ज्ञात नहीं किस जगह मुझे कब सोना है,
इस पर भी यदि श्रृंगार तुम्हें मेरा भाये,
तो मुझे बुलाना—मैं दरपन बन आऊँगा!
जब सूना सूना तुम्हें लगे जीवन अपना
तुम मुझे बुलाना—मैं गुंजन बन आऊँगा!!

इस तरह तय हुआ...

इस तरह तय हुआ साँस का यह सफ़र
ज़िन्दगी थक गई, मौत चलती रही!

एक ऐसी हँसी हँस पड़ी धूल यह
लाश इनसान की मुस्कराने लगी,
तान ऐसी किसी ने कहीं छेड़ दी
आँख रोती हुई गीत गाने लगी,
एक नाज़ुक किरन छू गई इस तरह
ख़ुद-बख़ुद प्राण का दीप जलने लगा,
एक आवाज़ आई किसी ओर से
हर मुसाफ़िर बिना पाँव चलने लगा,
रूप के गाँव का पर मिला छोर यूँ—
देह बढ़ती रही, उम्र ढलती रही।

इस तरह तय हुआ साँस का यह सफ़र
ज़िन्दगी थक गई, मौत चलती रही।

एक दिन देखता हूँ कि रूठी हुई
चाँदनी चन्द्रमा से खड़ी दूर है,
एक दिन यह सुना फूल की चोट से
एक पाषाण का दिल हुआ चूर है,
एक दिन आँसुओं ने कहा आँख से
'रो न हम आएँगे कल बदलकर वसन',
एक दिन एक बोला शलभ दीप से

'चूम लूँ मैं तुझे तब मुझे कर दफ़न',
पर सुनी, अनसुनी बात ऐसे हुई
रूठ सोया शलभ, लौ मचलती रही।

इस तरह तय हुआ साँस का यह सफ़र
ज़िन्दगी थक गई, मौत चलती रही!

एक दिन कह रही थी भ्रमर से कली
'होंठ जूठे किये हैं, मुझे तू न छू'
कह रहा था भ्रमर 'सुन अरी बावली
निष्कलुष मैं बनूँ ले मुझे चूम तू'
आ गया एक झोंका तभी उस तरफ
हिल उठी डाल तो भू, गगन हिल गये;
कुनमुनाई-लजाई कली तो बहुत
आप ही आप लेकिन अधर मिल गये,
अन्त ऐसे हुआ उस मिलन का मगर
दिन सिसकता रहा, रात खलती रही।

इस तरह तय हुआ साँस का यह सफ़र
ज़िन्दगी थक गई, मौत चलती रही!

एक दिन ज़िन्दगी की कड़ी धूप में
दो पखेरू मिले मुक्त नभ के तले,
कुछ न बोले, न डोले न कुछ बात की
हो गया प्यार लेकिन नयन जब मिले,
होंठ ज्यों ही उठे तो नियति हँस उठी,
आँधियाँ चल पड़ीं, तम बरसने लगा,
छूट गया हाथ से हाथ भीगा हुआ,
गालियाँ मार संसार हँसने लगा,
और फिर यूँ कटी वह विरह की निशा
स्नेह बुझता रहा, याद जलती रही।

इस तरह तय हुआ साँस का यह सफ़र
ज़िन्दगी थक गई, मौत चलती रही!

एक दिन एक आया पथिक द्वार पर
टूक रुका, एक-दो घूँट पानी पिया
पथ-सफ़र का लिया साथ सामान सब
एक फेंकी विवश दृष्टि और चल दिया,
उस दिवस से मगर एक तस्वीर सी
अश्रु की भीति पर रोज़ खिंचने लगी,
रंग भरने लगे जागकर रात, दिन,
मोतियों से गली-गैल सिंचने लगी,
किन्तु पूरा हुआ चित्र वह इस तरह
रंग हुए एक सब, छवि बदलती रही।

इस तरह तय हुआ साँस का यह सफ़र
ज़िन्दगी थक गई, मौत चलती रही!

एक दिन एक तारा गिरा टूटकर
एक उजड़े हुए नीड़ ने रख लिया,
फूल ने मुस्कराकर तभी यह कहा—
'यह बुझा है दिया क्यों इसे दिल दिया?'
बोलने तब लगा नीड़ का एक तृण
'हर दुखी को दुखी से सदा प्यार है,
आँसुओं के लिए गोद बस धूल है,
फूल को तो धरे शीश संसार है!'
ख़त्म झगड़ा मगर इस तरह यह हुआ
फूल झरता रहा, धूल खिलती रही

इस तरह तय हुआ ज़िन्दगी का यह सफ़र
ज़िन्दगी थक गई मौत चलती रही!

एक दिन एक बोली पिटी गोट यूँ
'एक मौका अगर तू मुझे और दे,
मान सच यह कि बाज़ी बदल दूँ अभी

हार को जीत से, जीत को हार से,
सुन खिलाड़ी प्रथम बार झिझका ज़रा
फिर बदल गोट वह चाल चलने लगा,
जब लगी अक्ल सब तब बहुत देर में
खेल का कुछ तराजू बदलने लगा,
'ख़त्म बो खेल भी पर हुआ इस तरह'
गोट पिटती रही, चाल चलती रही।

इस तरह तय हुआ साँस का यह सफ़र
ज़िन्दगी थक गई, मौत, चलती रही!

आदमी को प्यार दो...

सूनी सूनी ज़िन्दगी की राह है,
भटकी भटकी हर नज़र-निगाह है
राह को सँवार दो,
निगाह को निखार दो,
आमदी हो तुम कि उठो आदमी को प्यार दो,
दुलार दो।
रोते हुए आँसुओं की आरती उतार दो।

तुम हो एक फूल कल जो धूल बनके जाएगा,
आज है हवा में कल ज़मीन पर ही आएगा,
चलते वक़्त बाग़ बहुत रोएगा-रुलाएगा,
ख़ाक के सिवा मगर न कुछ भी हाथ आएगा,
ज़िन्दगी की खाक लिये हाथ में,
बुझते-बुझते सपने लिये साथ में,
रुक रहा हो जो उसे बयार दो,
चल रहा हो उसका पथ बुहार दो।
आदमी हो तुम कि उठो आदमी को प्यार दो,
दुलार दो।

ज़िन्दगी यह क्या है—बस सुबह का एक नाम है,
पीछे जिसके रात है और आगे जिसके शाम है,
एक ओर छाँह सघन, एक ओर घाम है,
जलना-बुझना, बुझना-जलना सिर्फ़ जिसका काम है,
न कोई रोक-थाम है,

ख़ौफ़नाक-ग़ारो-बियाबान में
मरघटों के मुरदा सुनसान में,
बुझ रहा हो जो उसे अंगार दो,
जल रहा हो जो उसे उभार दो,
आदमी हो तुम कि उठो आदमी को प्यार दो,
दुलार दो।

ज़िन्दगी की आँखों पर मौत का ख़ुमार है,
और प्राण को किसी पिया का इन्तज़ार है,
मन की मनचली कली तो चाहती बहार है,
किन्तु तन की डाली को पतझर से प्यार है,
क़रार है,
पतझर के पीले-पीले वेश में,
आँधियों के काले-काले देश में,
खिल रहा हो जो उसे सिंगार दो,
झर रहा हो जो उसे बहार दो,
आदमी हो तुम कि उठो आदमी को प्यार दो,
दुलार दो।

प्राण एक गायक है, दर्द एक तराना है,
जन्म एक तार है जो मौत को बजाता है,
स्वर ही रे! जीवन है, साँस तो बहाना है,
प्यार एक गीत है जो बार-बार गाना है,
सबको दुहराना है,

साँस की सिसक रही सितार पर
आँसुओं के गीले-गीले तार पर,
चुप हो जो उसे ज़रा पुकार दो,
गा रहा हो जो उसे मल्हार दो,
आदमी हो तुम कि उठो आदमी को प्यार दो,
दुलार दो।

एक चाँद के बग़ैर सारी रात स्याह है,
एक फूल के बिना चमन सभी तबाह है,
ज़िन्दगी तो ख़ुद ही एक आह है कराह है,
प्यार भी न जो मिले तो ज़ीना फिर गुनाह है,
धूल के पवित्र नेत्र-नीर से,
आदमी के दर्द दाह, पीर से,
जो घृणा करे उसे बिसार दो,
प्यार करे उस पे दिन निसार दो,
आदमी हो तुम कि उठो आदमी को प्यार दो,
दुलार दो।
रोते हुए आँसुओं की आरती उतार दो।।

निराकार! जब तुम्हें...

निराकार! जब तुम्हें दिया आकार, स्वयं साकार हो गया।

युग-युग से मैं बना रहा था मूर्ति तुम्हारी एक-अलेखी,
आज हुई पूरी तो मैंने शक्ल खड़ी अपनी ही देखी,
लेकिन इससे भी बढ़कर अपराध कर गई पूजन-वेला
तुम्हें सजाने चला फूल जो मेरा ही श्रृंगार हो गया।
निराकार! जब तुम्हें दिया आकार, स्वयं साकार हो गया।।

निशि दिन के ताने-बाने पर बुना काल ने चीर तुम्हारा,
पहनाने जब चला तुम्हें तो वह बन गया शरीर हमारा,
और एक दिन जब आई बरसात हो गया मैला अंचल
मैंने तुम्हें पुकारा रोकर पर मुखरित संसार हो गया।
निराकार! जब तुम्हें दिया आकार, स्वयं साकार हो गया।।

गन्ध तुम्हारी थी मैं तो बस बन कर सुमन चुरा लाया था,
रूप तुम्हारा था मैंने तो केवल दर्पण दिखलाया था,
पर यह दुनिया भी क्या है कैसा अनर्थ हो रहा यहाँ पर
श्रेय तुम्हारा तुम्हें न मिलकर मेरा यश विस्तार हो गया।
निराकार! जब तुम्हें दिया आकार, स्वयं साकार हो गया।

जो भी नाम दिया तुमको वह मेरा ही परिचय बन बैठा,
जिस थल तुम्हें बिठाया मेरा ही वह प्राण हृदय बन बैठा,
अर्घ्य चढ़ा जो भी तुम पर बन गया अश्रु मेरी आँखों का
जो भी तुम्हें देखने दौड़ा मुझे देख बलिहार हो गया।
निराकार! जब तुम्हें दिया आकार, स्वयं साकार हो गया।

सुधि की ले पतवार, सजाकर चिर जर्जर साँसों की नैया,
पाल आँधियों के फैलाकर, तूफानों को बना खिवैया,
तुम्हें खोजता फिरता था मैं लेकिन एक लहर वह आई
डूब गई तृण-तरी, और मैं सारा सागर पार हो गया।
निराकार! जब तुम्हें दिया आकार, स्वयं साकार हो गया।।

वाणी अभिशापित होती है

आँखें होने पर भी जिसको सुन्दरता से प्यार नहीं है
मानो मत मानो उस कवि की वाणी अभिशापित होती है।

चढ़ा न जिस पर नशा प्यार का
वो जी कर भी नहीं जिया है,
सम्मुख अमृत-घट रखकर भी
उसने केवल ज़हर पिया है,
रूप-रंग-रस का सागर जग, मुक्ता-युक्ति इसी तल में है
इसे नकारें हम तो सारी रचना अपमानित होती है।

काम-वाम को कोस-कोस कर
जिसकी रात हुई हो काली
सच मानो वह मूढ़ स्वयं के
मात-पिता को देता गाली,
जिसने कहा कि प्रेम पाप है, और कामिनी राह नर्क की,
सुनकर उसकी बात प्रकृति क्या, सारी सृष्टि चकित होती है।

प्रेम-कनी जब तक न तराशे
हीरा हो अनमोल, न हीरा,
सूली ऊपर सेज बिछी जब
मीरा तभी बनी थी मीरा
मन को बिंधने दो फूलों से, तन को छिदने दो शूलों से,
उतना और उजाला होता जितनी लौ पीड़ित होती है।

मैं क्यों प्यार किया करता हूँ!

मैं क्यों प्यार किया करता हूँ!
सर्वस देकर मौन रुदन का क्यों व्यापार किया करता हूँ?

भूल सकूँ जग की दुर्घातें उसकी स्मृति में खोकर ही,
जीवन का कल्मष धो डालूँ अपने नयनों से रोकर ही,
इसीलिए तो उर-अरमानों को मैं छार किया करता हूँ।
मैं क्यों प्यार किया करता हूँ!

कहता जग पागल मुझसे पर पागलपन मेरा मधु प्याला,
अश्रु-धार है मेरी मदिरा उर-ज्वाला मेरी मधुशाला,
इससेजग की मधुशाला का मैं परिहार किया करता हूँ।
मैं क्यों प्यार किया करता हूँ!

करले जग मुझसे मन की पर मैं अपनेपन में दीवाना,
चिंता करता नहीं दु:खों की मैं जलने वाला परवाना,
अरे! इसी से सारपूर्ण-जीवन निस्सार किया करता हूँ।
मैं क्यों प्यार किया करता हूँ!

उसके बन्धन में बँधकर ही दो क्षण जीवन का सुख पालूँ,
और न उच्छृंखल हो पाऊँ मानस-सागर को मथ डालूँ,
इसीलिए तो प्रणय-बन्धनों का सत्कार किया करता हूँ।
मैं क्यों प्यार किया करता हूँ!

चाँदनी में घोला जाए...

चाँदनी में घोला जाए फूलों का शबाब,
उसमें फिर मिलाई जाए थोड़ी-सी शराब,
होगा यूँ नशा जो तैयार—वह प्यार है,
वह प्यार है।

आधी रात जुहू पर उतर
कर रहा हो चाँद जब मुक़ाम,
और वहीं टहल रहे हों फूल,
तितलियों की गोरी बाँहें थाम,
ऐसे वक़्त आता है जो ज्वार—वह प्यार है
वह प्यार है।

लेके हाथ दर्द की क़लम,
आँसुओं में ख़्वाब घोल-घोल,
लिख रही हो गाती पी के नाम
जब कोई कली लटों को खोल,
तब जो छेड़ता है दिल के तार—वह प्यार है
वह प्यार है।

आईने को सामने बिठा,
अबरुओं की तेज़ करके धार,
अपने से ही करके आँखें चार,
दुनिया क्या है एक वहम है
शबनम में मोती होने का,

अपने हुस्न पर हो ख़ुद निसार,
मुस्कुराता है जो बार-बार—वह प्यार है,
वह प्यार है।

लड़खड़ाते हों उमर के पाँव,
जब न कोई दे सफ़र में साथ,
बुझ गए हों राह के चिराग़
और सब तरफ़ हो काली रात,
तब जो चुनता है डगर के ख़ार—वह प्यार है,
वह प्यार है।

जब हों चुप ज़मीनो-आसमान,
गुनगुनाती हो न कोई बीन,
सर किसी मज़ार पर टिका,
रो रही हो ज़िंदगी हसीन,
तब जो बनके आता है क़रार—वह प्यार है,
वह प्यार है।

प्रेम-पथ हो न सूना...

प्रेम-पथ हो न सूना कभी इसलिए,
जिस जगह मैं थकूँ, उस जगह तुम चलो।

क़ब्र-सी मौन धरती पड़ी पाँव पर,
शीश पर है कफ़न-सा घिरा आसमाँ,
मौत की रहा में, मौत की छाँह में
चल रहा रात-दिन साँस का कारवाँ
जा रहा हूँ चला, जा रहा हूँ बढ़ा,
पर नहीं ज्ञात है किस जगह शाम हो?
किस जगह पग रुके, किस जगह मग छूटे
किस जगह शीत हो, किस जगह घाम हो,
मुस्कराये सदा पर धरा इसलिए,
जिस जगह मैं झरूँ उस जगह तुम खिलो।
प्रेम-पथ हो न सूना कभी इसलिए,
जिस जगह मैं थकूँ, उस जगह तुम चलो।

एक दिन काल-तम की किसी रात ने,
दे दिया था मुझे प्राण का यह दिया,
धार पर यह जला, पार पर यह जला
बार अपना हिया विश्व का तम पिया,
पर चुका जा रहा साँस का स्नेह अब,
रोशनी का पथिक चल सकेगा नहीं,
आँधियों के नगर में बिना प्यार के
दीप यह भोर एक जल सकेगा नहीं,

पर जले स्नेह की लौ सदा इसलिए
जिस जगह मैं बुझूँ, उस जगह तुम जलो।
प्रेम-पथ हो न सूना कभी इसलिए,
जिस जगह मैं थकूँ, उस जगह तुम चलो।

रोज़ ही बाग़ में देखता हूँ सुबह
धूल ने फूल कुछ अधखिले चुन लिये
रोज़ ही चीखता है निशा में गगन—
'क्यों नहीं आज मेरे जले कुछ दिये?'
इस तरह प्राण! मैं भी यहाँ रोज़ ही
ढल रहा हूँ किसी बूँद की प्यास में,
जी रहा हूँ, धरा पर, मगर लग रहा
कुछ छिपा है कहीं दूर आकाश में,
छिप न पाए कहीं प्यार पर इसलिए,
जिस जगह मैं छिपूँ, उस जगह तुम मिलो।
प्रेम-पथ हो न सूना कभी इसलिए,
जिस जगह मैं थकूँ, उस जगह तुम चलो।

प्रेम का पन्थ सूना अगर हो गया
रह सकेगी बसी कौन-सी फिर गली?
यदि खिला प्रेम का ही नहीं फूल तो
कौन है जो हँसे फिर चमन में कली
प्रेम को ही न जग में मिला मान तो
यह धरा, यह भुवन सिर्फ़ श्मशान है,
आदमी एक चलती हुई लाश है,
और जीना यहाँ एक अपमान है,
आदमी प्यार सीखे कभी इसलिए,
रात-दिन मैं ढलूँ, रात-दिन तुम ढलो।
प्रेम-पथ हो न सूना कभी इसलिए,
जिस जगह मैं थकूँ, उस जगह तुम चलो।

हज़ारों साझी मेरे प्यार में

मैं उन सबका हूँ कि नहीं कोई जिनका संसार में!
एक नहीं, दो नहीं, हज़ारों साझी मेरे प्यार में!!

मेरे चुम्बन चाँद नहीं, सूरज का जलता भाल है
आलिंगन में फूल न कोई, धरती का कंकाल है
वर्तमान के लिए विकल मैं, विरही नहीं अतीत का
नव भविष्य का नव स्वर्णोदय सपना मेरे गीत का,
किसी एक टूटे स्वर से ही मुखर न मेरा श्वास है
लाखों सिसक रहे गीतों का क्रन्दन-हाहाकार में!
एक नहीं, दो नहीं, हज़ारों साझी मेरे प्यार में!!

मैं गाता हूँ नहीं किसी की प्रीति चुराने के लिए
मेरा यह तप है दुनिया का दुख पी जाने के लिए
कल जिस राह चलेगा जग, मैं उसका पहला प्रात हूँ
तुम्हें अँधेरे में दिखता हूँ पर सूरज के साथ हूँ
शब्दों के वस्त्रों में तुम पहचान न पाओगे मुझे,
मैं बैठा हूँ कफ़न लपेटे हर बाग़ी तलवार में!
एक नहीं, दो नहीं, हज़ारों साझी मेरे प्यार में!!

जितने घर वीरान सभी वे मेरे तीरथ-धाम हैं,
बेघर-बार दीप जो भी मेरे बनवासी राम हैं
याद द्रौपदी के प्रण की है गुँथे न अब तक केश जो
गोवर्धनधारी की स्मृति है शीश उठाए देश जो

मेरा भी गुलाब की कलियों को मन होता है मगर—
फूल खिलाने हैं मुझको हर आँधी, हर पतझार में!
एक नहीं, दो नहीं, हज़ारों साझी मेरे प्यार में!!

मैंने रात वहाँ काटी चाँदनी जहाँ सोती नहीं,
भोर किया उस जगह, जिस जगह कभी सुबह होती नहीं,
तपी वहाँ दोपहर जहाँ है भूख खड़ी मैदान में,
साँझ हुई उस देश, ज़िन्दगी जहाँ बुझी खलियान में,
या तो पार लगा दूँगा मैं इस मौसम की नाव को
या फिर बेमौसम डूबूँगा खुद गहरी मँझधार में!
एक नहीं, दो नहीं, हज़ारों साझी मेरे प्यार में!!

जिनके साथी आँधी-अन्धड़, जिनकी राह पहाड़ियाँ
उन पर न्यौछावर करता हूँ मैं अपनी फुलवारियाँ,
जिनके घर न दिया जलता, जिनसे प्रकाश नाराज है,
राज उन्हें सूरज पर करना मुझे सिखाना आज है,
तुम भी जाओ पानी का यह चीर बदल, आँजो नयन
अंगारों की शादी होगी सावन के त्यौहार में!
एक नहीं, दो नहीं, हज़ारों साझी मेरे प्यार में!!

कल का करो न ध्यान...

आज पिला दो जी भरकर मधु कल का करो न ध्यान सुनयने!
कल का करो न ध्यान!!
सम्भव है कल तक मिट जाए मधु के प्रति आकर्षण मन का,
मधु पीने के लिए न हो कल सम्भव है संकेत गगन का,
पीने और पिलाने को हम ही न रहें कल सम्भव यह भी,
पल-पल पर झकझोर रहा है काल प्रबल दामन जीवन का,
कैन जानता है कब किस पल तार-तार क्षण में हो जाए,
जीवन क्या साँसों के कच्चे धागों का परिधान सुनयने!
कल का करो न ध्यान!!

क्या मालूम घिरी न घिरी कल यह मनभावन घटा गगन में,
क्या मालूम चली न चली कल यह मृदु मन्द पवन मधुबन में,
स्वर्ग-नर्क को भूल आज जो गीत गा रही लालपरी के
क्या मालूम रही न रही कल मस्ती वह दीवानी मन में,
अनमाँगे वरदान सदृश जो छलक उठा मधु जीवन घट में,
क्या मालूम वही कल विष बन, बने स्वप्न-अवसान सुनयने!
कल का करो न ध्यान!!

मस्त कनखियों से साक़ी की जहाँ सुरा हरदम झरती थी,
पायल की रुन-झुन धुन में आवाज़ मौत की भी मरती थी,
मदिरा की रंगीन ओढ़नी ओढ़ महल में मदिरालय के,
कलियों की मुस्कानों से वासना सिंगार जहाँ करती थी,
आज किन्तु उस तृषा-तीर्थ के शेष चिह्न केवल दो ही थे—
मरघट-सा सूना भयावना, और भूँकते श्वान सुनयने!
कल का करो न ध्यान!!

और इधर इस पथ पर तो कल घिरा मौत का था अँधियाला,
टूक-टूक हो पड़ा धूल में खिसक रहा था माणिक प्याला,
मधु तो दूर, गरल की भी दो बूँदें थीं न नयन के सम्मुख,
लेता था उच्छ्वास तिमिर में पड़ा विसुधमन पीनेवाला,
आज अचानक ही पर जो तुम हो, मैं हूँ, मधु है, बदली है,
इसका अर्थ यही कि चाहता विधि भी हो मधुपान सुनयने!
कल का करो न ध्यान!!

जीवन में ऐसा शुभ अवसर कभी-कभी ही तो आता है—
प्यासे के समीप ही जब खुद मदिरालय दौड़ा जाता है,
वह अज्ञानी है अग जग के मिथ्या तर्कों में पड़कर जो
खो ऐसा वरदान अन्त तक कर मल-मलकर पछताता है,
व्यर्थ न मुझे बताओ इससे पाप-पुण्य की परिभाषाएँ
किन्तु डूब मधु में सब कुछ बनने दो एक समान सुनयने!
कल का करो न ध्यान!!

पीकर भी यदि ध्यान रहा कल का तो व्यर्थ पिपासा मन की,
व्यर्थ सुराही की गहराई, व्यर्थ सुरा सुरभित चितवन की,
मदिरा नहीं, किन्तु मदिरा के प्याले में मृगजल केवल वह
पीकर जिसे न भूल सके मन चिन्ता जीवन और मरण की,
मस्ती भी वह मस्ती क्या जो देख काल की भृकुटि-भंगिमा,
भूल जाए गाना जीवन की मदिरा तृषा का गान सुनयने!
कल का करो न ध्यान!!

खेल 'आज-कल' का यह प्रेयसि! युग-युग से चलता आता है,
किन्तु कभी क्या कोई जग में सीमा कल की छू पाता है?
जीवन के दो ही दिन जिनमें आज जन्म है और मरण कल,
कल की आस लिये सारा जग ओर चिता की ही जाता है,
प्रिय! इससे अरमानों की इस लाज भरी क्वाँरी-सी निशि को,
बन जाने भी दो सुहाग की रात छोड़ हठ, मान सुनयने!
कल का करो न ध्यान!!

बसन्त की रात

आज बसन्त की रात,
गमन की बात न करना!

धूल बिछाए फूल बिछौना,
बगिया पहने चाँदी-सोना,
कलियाँ फेंकें जादू-टोना,
महक उठे सब पात,
हवन की बात न करना!
आज बसन्त की रात,
गमन की बात न करना!

बौराई अँबवा की डाली,
गदराई गेहूँ की बाली,
सरसों खड़ी बजाए ताली,
झूम रहे जल-जात,
शयन की बात न करना।
आज बसन्त की रात,
गमन की बात न करना!

खिड़की खोल चन्द्रमा झाँके,
चुनरी खींच सितारे टाँके,
मना करूँ तो शेर मचाके,
कोयलिया अनखात,
गहन की बात न करना!

आज बसन्त की रात,
गमन की बात न करना!

निंदिया बैरिन सुधि बिसराई,
सेज निगोड़ी करे ढिठाई,
ताना मारे सौत जुन्हाई,
रह-रह प्राण पिरात,
चुभन की बात न करना!
आज बसन्त की रात,
गमन की बात न करना!

यह पीली चूनर, यह चादर
यह सुन्दर छवि, यह रस-गागर,
जनम-मरण की यह रज-काँवर,
सब भू की सौगात,
गगन की बात न करना!
आज बसन्त की रात,
गमन की बात न करना!

धनियों के तो धन हैं लाखों

धनियों के तो धन हैं लाखों
मुझ निर्धन के धन बस तुम हो!

कोई पहने माणिक-माल
कोई लाल जड़ावे,
कोई रचे महावर मेहँदी
मुतियन माँग भरावे,
सोने वाले चाँदी वाले
पानी वाले, पत्थर वाले,
तन के तो लाखों सिंगार हैं
मन के आभूषण बस तुम हो!
धनियों.... !

कोई जावे पुरी द्वारिका,
कोई ध्यावे काशी,
कोई तपे त्रिवेणी-संगम
कोई मथुरा-वासी,
उत्तर दक्खिन, पूरब पच्छिम,
भीतर-बाहर, सब जग-जाहर
सन्तों के सौ-सौ तीरथ हैं
मेरे वृन्दावन बस तुम हो!
धनियों... !

कोई करे गुमान रूप पर
कोई बल पर झूमे,
कोई मारे डींग ज्ञान की,
कोई धन पर घूमे,

काया-माया, जोरू-जाता,
जस-अपजस, सुख-दुःख त्रिय तापा
जीता-मरता जग सौ विधि से
मेरे जन्म-मरण बस तुम हो!
धनियों... !

जिस दिन तेरी याद न आई

सुबह न आई, शाम न आई, जिस दिन तेरी याद न आई!

जिस दिन तड़पे प्राण न उस दिन
देह लगी मिट्टी की ढेरी,
जिस दिन सिसकी साँस न उस दिन,
उम्र हो गई कुछ कम मेरी,
बरसी जिस दिन आँख न उस दिन
गीत न बोले, अधर न डोले
हँसी सिराई, खुशी सिराई, जिस दिन तेरी याद न आई!

धुँधलाया सूरज का दर्पण,
कजलाई चन्दा की बेंदी,
मूक हुई दुपहर की पायल,
रूठ गई सन्ध्या की मेहँदी,
दिवरा रात सब लगे पराए
लुटे-लुटाए, स्वप्न-सितारे
छटा न छाई, घटा न छाई, जिस दिन तेरी याद न आई!

फिरते रहे नयन बौराए
कभी भवन में, कभी भुवन में,
रही कसकती पीड़ा कोई,
इस क्षण तन में, उस क्षण मन में
जग-जगकर काजल अलसाया,
चल-चलकर अंचल थक आया

हाट न पाई, बाट न पाई, जिस दिन तेरी याद न आई!
सुबह न आई, शाम न आई, जिस दिन तेरी याद न आई!!

गुमसुम बैठी रही देहरी,
ठिठका-ठिठका आँगन द्वारा
सेज लगी काँटों की साड़ी
और अटारी कज्जल-कारा,
अगरु-गन्ध हिम-लहर हो गई,
चन्दन-लेप ताप तक्षक का,
धूप न भाई, छाँह न भाई, जिस दिन तेरी याद न आई!
सुबह न आई, शाम न आई, जिस दिन तेरी याद न आई!!

गली-गली ने आँखें फेरीं,
गाँव-गाँव ने पत्थर मारे,
फूल-फूल ने धूल उड़ाई
शूल-शूल ने घाव उघारे,
गई जहाँ भी साँस गई—
ठुकराई हर घर से, हर दर से!
दुनिया ने दुश्मनी निभाई, जिस दिन तेरी याद न आई!
सुबह न आई, शाम न आई, जिस दिन तेरी याद न आई!!

मैं पीड़ा का राजकुँवर हूँ

मैं पीड़ा का राजकुँवर हूँ, तुम शहज़ादी रूप नगर की
हो भी गया प्यार हम में तो, बोलो मिलन कहाँ पर होगा?

मीलों जहाँ न पता ख़ुशी का
मैं उस आँगन का इकलौता,
तुम उस घर की कली जहाँ नित
होंठ करें गीतों का न्योता,
मेरी उम्र अमावस काली और तुम्हारी पूनम गोरी
मिल भी गई राशि अपनी तो बोलो लगन कहाँ पर होगा?
मैं पीड़ा का...

मेरा कुर्ता सिला दुःखों ने
बदनामी ने काज निकाले
तुम जो आँचल ओढ़े उसमें
नभ ने सब तारे जड़ डाले
मैं केवल पानी ही पानी, तुम केवल मदिरा ही मदिरा
मिट भी गया भेद तन का तो मन का हवन कहाँ पर होगा?
मैं पीड़ा का...

मैं जन्मा इसलिए कि थोड़ी
उम्र आँसुओं की बढ़ जाए
तुम आई इस हेतु कि मेहँदी
रोज़ नये कंगन जड़वाए,

तुम उदयाचल मैं अस्ताचल, तुम सुखान्तकी, मैं दुखान्तकी,
जुड़ भी गए अंक अपने तो रस-अवतरण कहाँ पर होगा?
मैं पीड़ा का...

इतना दानी नहीं समय जो
हर गमले में फूल खिला दे,
इतनी भावुक नहीं ज़िन्दगी
हर ख़त का उत्तर भिजवा दे,
मिलना अपना सरल नहीं है फिर भी यह सोचा करता हूँ
जब न आदमी प्यार करेगा जाने भुवन कहाँ पर होगा?
मैं पीड़ा का...

पाती तक न पठाई

ऐसी सुधि बिसराई
कि पाती तक न पठाई!

बरखा गई मिलन-ऋतु बीती,
घोर घटा घहरी मन-चीति,
पर गागर रीती की रीती,

अधरों बूँद न आई
प्यास से प्यास बुझाई!

ऐसी सुधि बिसराई
कि पाती तक न पठाई!

रोज़ उड़ाए काग सबेरे,
रोज़ पुराए चौक-घनेरे,
कभी अँधेरे, कभी उजेरे,

पथ-पथ धूल रमाई,
हुई सब लोक हँसाई!

ऐसी सुधि बिसराई
कि पाती तक न पठाई!

बहकी बगिया, महकी कलियाँ,
गूँजे आँगन, झूमी गलियाँ,
खुलीं न मेरी किन्तु किवरियाँ,

साँकल कौन लगाई
कि खोलत उमर सिराई!

ऐसी सुधि बिसराई
कि पाती तक न पठाई!

मन की कुटिया सूनी-सूनी
देह बनी चन्दन की धूनी,
बहुत हुई प्रिय! आँख-मिचौनी,

अब तो हो सुनवाई,
सुबह साँझ बन आई!

ऐसी सुधि बिसराई
कि पाती तक न पठाई!

दुख ने दरवाज़ा खोल दिया

मैंने तो चाहा बहुत कि अपने घर में रहूँ अकेला, पर—
सुख ने दरवाज़ा बन्द किया, दुख ने दरवाजा खोल दिया।

मन पर तन की साँकल देकर
सोता था प्राणों का पाहुन,
पैताने पाँव दबाते थे
बैठे चिर जागृत जन्म-मरण,
सिरहाने साँसों का पंखा
झलती थी खड़ी-आयु चंचल,
द्वारे पर पहरेदार बने
थे घूम रहे रवि, शशि, उडुगन,

फिर भी चितवन का एक चारे फेंक ही गया ऐसा जादू
अधरों ने मना किया लेकिन आँखों ने मोती रोल दिया!
सुख ने दरवाज़ा बन्द किया, दुख ने दरवाज़ा खोल दिया!

जीवन पाने को शलभों ने
जा रोज़ मरण से किया प्यार,
चन्दा के होंठ चूमने को
दिन ने चूमे दिन-भर अंगार,
निज देह गलाकर जब बादल
हो गया स्वयं अस्तित्वहीन,
आ सकी तभी धरती के घर
सावन-भादों वाली फ़ुहार,

दुनिया दुकान वह जहाँ खड़े होने पार भी है [illegible]
हर एक विरह ने रो-रोकर, हर एक मिलन का मोल दिया!
सुख ने दरवाज़ा बन्द किया, दुख ने दरवाज़ा खोल दिया!

जब खाली थे यह हाथ,
हाथ था इनमें हर कठिनाई का,
जब सादा था यह वस्त्र
ज्ञान था मुझे न छूत-छुआई का,
लेकिन जब से यह पीताम्बर
मैंने ओढ़ा रेशम वाला
डर लगता है मुझको आँचल
छूने में धूप-जुन्हाई का

बस वस्त्र बदलते ही मैंने यह कैसा परिवर्तन देखा
जिस रस को दुख ने अमृत किया, उसमें सुख ने विष घोल दिया!
सुख ने दरवाज़ा बन्द किया, दुख ने दरवाज़ा खोल दिया!

चाँदनी टूट जब बनी ओस
ले गई उसे चुन धूप कहीं,
सन्ध्या ने दिये जलाये तो
तम भी रह सका कुरूप नहीं,
फूलों की धूल मले शरीर
जब पतझर बगिया से निकला
तब मिला द्वार पर खड़ा हुआ
उसको बसन्त नवरूप वहीं,

हर एक नाश के मरघट में निर्माण जलाये है दीपक
जब-जब आँगन खामोश हुआ, तब-तब उठ बचपन बोल दिया!
सुख ने दरवाजा बन्द किया, दुख ने दरवाज़ा खोल दिया!

तसवीर बन गया

जिसने देखा तुम्हें तुम्हारी ही फिर वह तसवीर बन गया!

जनम-जनम से तुम्हें खोजता था मैं ओ मेरे अभिमानी!
आज तुम्हें जाना तो मुझको मेरी शक्ल लगी अनजानी,
पर इससे भी बढ़कर अचरज हुआ कि जब पूजन-वेला में,
भक्ति तुम्हारी मूर्ति बन गई, मन्दिर मर्त्य शरीर बन गया!
जिसने देखा तुम्हें तुम्हारी ही फिर वह तसवीर बन गया!

तुम्हें छू लिया था सूरज ने वह देखो अब तक जलता है,
झाँकी भर देखी थी शशि ने वह अब तक आँसू ढलता है,
बादल को था गर्व बहुत वह धो ही लेगा चरण तुम्हारे,
हाथ बढ़ाते ही पर उसका सारा जीवन नीर बन गया!
जिसने देखा तुम्हें तुम्हारी ही फिर वह तसवीर बन गया!

तुम्हें चूमने गया शलभ तो करना पड़ा भस्म उसको तन,
रूप देख आया सो ख़ुद हो गया अरूप रूप का दर्पण,
की ही थी आरती अग्नि ने बुझना पड़ा धूम्र बन उसको,
तुम्हें खोजते घर-घर ख़ुद ही बेघरबार समीर बन गया!
जिसने देखा तुम्हें तुम्हारी ही फिर वह तसवीर बन गया!

तुमने किसे बुलाया जो मरघट से लौट पड़ा जग सारा,
कौन तिराई तरी कि ख़ुद ही मिलने को चल पड़ा किनारा,
क्रीड़ा की वह कौन सृष्टि के आँगन में उस दिन जो छिन में,
पद-रज झर कर धरा बन गई, अम्बर उड़कर चीर बन गया!
जिसने देखा तुम्हें तुम्हारी ही फिर वह तसवीर बन गया!

तू उठा तो उठ गई सारी सभा

तू उठा तो उठ गई सारी सभा
सिर्फ़ मन्दिर थरथराता रह गया!

स्वप्न की डोली उठा आँसू चले
धूल फूलों की जवानी हो गई
शाम की स्याही बनी दिन की ख़ुशी
देह की मीनार पानी हो गई
तू गया क्या—हाय, बेमौसम यहाँ
एक बादल डबडबाता रह गया!

तू उठा तो उठ गई सारी सभा,
सिर्फ़ मन्दिर थरथराता रह गया!

हाथ जब थामे खड़ा था पास तू
पाँव पर मेरे झुका संसार था
हर नज़र मेरे लिए बेचैन थी
हर कुसुम मेरे गले का हार था,
तू नहीं, तो कुछ खिलौने के लिए
एक बचपन छटपटाता रह गया!

तू उठा तो उठ गई सारी सभा,
सिर्फ़ मन्दिर थरथराता रह गया!

प्यार दुनिया ने बहुत मुझको किया,
पर लगन तुझसे लगी टूटी नहीं,
लाल-हीरे भी बहुत पहने मगर
मूर्ति तेरी हाथ से छूटी नहीं
क्या कहूँ? हर आइने को किसलिए
शक्ल मैं तेरी दिखाता रह गया!

तू उठा तो उठ गई सारी सभा,
सिर्फ़ मन्दिर थरथराता रह गया!

कल विदा जो ले गया था घाट से
खिल गया है वह कमल फिर ताल में
नीम से कल जो निबौरी थी छुटी
है लगी वह झूलने फिर डाल में
एक मैं ही जो यहाँ तुझसे बिछुड़
रोज़ आता, रोज़ जाता रह गया!

तू उठा तो उठ गई सारी सभा,
सिर्फ़ मन्दिर थरथराता रह गया!

इस द्वार क्यों न जाऊँ

इस द्वार पर न जाऊँ, उस द्वार क्यों न जाऊँ?
घर पा गया तुम्हारा, मैं घर बदल-बदल कर!

अनजान यह नगर है, अनजान यह डगर है,
न चढ़ाव का पता है, न ढलाव की खबर है
सब कह रहे मुसाफिर चलना सँभल-सँभल कर
लम्बा बहुत सफर है छोटी बहुत उमर है।
पर क्यों डरूँ, डराऊँ, पथ खुद न क्यों बनाऊँ,
मैं चढ़ गया हिमालय, गिर-गिर फिसल-फिसलकर।

इस द्वार क्यों न जाऊँ, उस द्वार क्यों न जाऊँ?
घर पा गया तुम्हारा, मैं घर बदल-बदल कर।

बेदाग़ सूत वाले, सौ दाग सूत वाले,
इस हाट कुछ दुशाले, उस हाट कुछ दुशाले,
कुछ कह रहे इसे ले, कुछ कह रहे उसे ले,
इससे बदन छिपा ले, उसका कफ़न बना ले।
मैं क्यों इसे कुढ़ाऊँ, मैं क्यों उसे धुलाऊँ,
परदा उठा चुका हूँ, चादर बदल-बदल कर।

इस द्वार क्यों न जाऊँ, उस द्वार क्यों न जाऊँ?
घर पा गया तुम्हारा, मैं घर बदल-बदल कर।
इस छोर एक सरिता, उस छोर एक संगम,
पानी कहीं बहुत है, पानी कहीं बहुत कम,
हर बूँद का इशारा, हर लहर का निमन्त्रण,
तट का सुनूँ तराना, मझधार का कि सरगम,
पर क्यों न डूब जाऊँ, पर क्यों न तैर जाऊँ,
किश्ती डुबा चुका हूँ, लंगर बदल-बदल कर।

इस द्वार क्यों न जाऊँ, उस द्वार क्यों न जाऊँ?
घर पा गया तुम्हारा, मैं घर बदल-बदल कर।

इस ओर एक मेला, उस ओर एक मेला,
यह पंथ भी झमेला, वह पंथ भी झमेला,
हर आँख हेरती है, हर बाँह घेरती है,
कैसे करूँ अदेखा, कैसे रहूँ अकेला,
पर क्यों नज़र चुराऊँ, क्यों भीड़ में न जाऊँ,
होली मना चुका हूँ, मैं सर बदल-बदल कर।

इस द्वार क्यों न जाऊँ, उस द्वार क्यों न जाऊँ?
घर पा गया तुम्हारा, मैं घर बदल-बदल कर।

इस गाँव एक काशी, उस गाँव एक काबा,
इसका इधर बुलावा, उसका उधर बुलावा,
इससे भी प्यार मुझको, उससे भी प्यार मुझको,
किसको गले लगाऊँ, किससे करूँ दिखावा।
पर जात क्यों बनाऊँ, दीवार क्यों उठाऊँ,
हर घाट जल पिया है, गागर बदल-बदल कर।

इस द्वार क्यों न जाऊँ, उस द्वार क्यों न जाऊँ?
घर पा गया तुम्हारा, मैं घर बदल-बदल कर।

जीवन-सत्य

गहरे, बहुत गहरे एक मोती है—
साँस के धागे में आयु जिसे रात-दिन पिरोती है!
डूबता हूँ बार-बार गोता लगाता हूँ
लहरों से लड़ता हूँ, तट से टकराता हूँ
बूँद-बूँद चुनकर ख़ुद बूँद हुआ जाता हूँ
अंजलि, पर अनन्त समय खाली ही पाता हूँ!
गहरे, बहुत गहरे एक मोती है—
तट पर एक हर एक तरी जिसके लिए रोती है!
गहरे, बहुत गहरे एक मोती है!!

जाल सौ फेंके पर हाथ लगी उलझन ही,
छाने सब सागर पर मिली सिर्फ़ सिसकन ही,
पुतली पथराईं, दृग बादल बन आए, पर
रात हर एक रही निर्जन की निर्जन ही!
दूर, कहीं दूर एक मोती है—
हर राह जिसके लिए चल-चलकर थकती है, सोती है!
दूर, कहीं दूर एक मोती है!!

बचपन से पूछा वह मचल पड़ा,
और ले ले खिलौना कहीं खो गया,
यौवन से माँगा तो दर्पण दिखाकर
पथ-बीच कहीं सो गया;
जिससे भी चर्चा की जाना वह अनजाना हो गया

जनम-नयन आँज-आज हँस गया
मरण सेज बिछा-बिछा रो गया!
एक अनमोल कहीं मोती है—
ईर्द-गिर्द जिसके यह सुबह-शाम होती है!
एक अनमोल कहीं मोती है!!

मन्दिर के द्वार गया दृश्य मिला, दरस नहीं,
ग्रन्थ गुने रहस दिखा, परस नहीं,
ज्ञान-ध्यान पूजन-व्रत-वन्दन सब व्यर्थ गए
एक पल शान्ति नहीं, एक निमिष हर्ष नहीं!
अनबींधा एक कहीं मोती है—
माँग भरने को जिसे सृष्टि भाल धोती है!
अनबींधा एक कहीं मोती है!!

मिला नहीं रत्न और माला अधूरी है,
आयु चुक गई है एक पर अर्चना न पूरी है,
किस तरह आऊँ पास, कैसे रिझाऊँ तुझे?
मेरे-तेरे बीच एक मोती की दूरी है!
तू ही बता कहाँ वह मोती है—
जिसे बिना पाए भेंट तुझसे न होती है!
तू ही बता कहाँ वह मोती है!!

कैसा अज्ञानी मैं अब तक यह जाना नहीं,
सामने मनुष्य जो खड़ा है पहचाना नहीं;
आँख में जो आँसू है, उसको अनुमाना नहीं;
सागर ही खोजा किया भू को सम्माना नहीं!
दूर नहीं पास, बहुत पास एक मोती है—
सामने की चीज मगर दूर बहुत होती है!
पास, बहुत पास एक मोती है!!

अब ज़माने को ख़बर कर दो

अब ज़माने को ख़बर कर दो कि 'नीरज' गा रहा है!

जो झुका है वह उठे अब सर उठाये,
जो रुका है वह चले नभ चूम आए,
जो लुटा है वह नये सपने सजाए,
जुल्म-शोषण को खुली देकर चुनौती,
प्यार अब तलवार को बहला रहा है।
अब ज़माने को ख़बर कर दो कि 'नीरज' गा रहा है!

हर छलकती आँख को वीणा थमा दो,
हर सिसकती साँस को कोयल बना दो,
हर लुटे सिंगार को पायल पिन्हा दो,
चाँदनी के कंठ में डाले भुजाएँ,
गीत फिर मधुमास लाने जा रहा है।
अब ज़माने को ख़बर कर दो कि 'नीरज' गा रहा है!

जा कहो तम से करे वापस सितारे,
माँग लो बढ़कर धुएँ से अब अँगारे,
बिजलियों से बोल दो घूँघट उघारे,
पहन लपटों का मुकुट काली धरा पर,
सूर्य बनकर आज श्रम मुसका रहा है।
अब ज़माने को ख़बर कर दो कि 'नीरज' गा रहा है!

शोषणों की हाट से लाशें हटाओ,
मरघटों को खेत की ख़ुशबू सुँघाओ,
पतझरों में फूल के घुँघरू बजाओ,
हर कलम की नोक पर मैं देखता हूँ
स्वर्ग का नक्शा उतरता आ रहा है।
अब ज़माने को ख़बर कर दो कि 'नीरज' गा रहा है!

इस तरह फिर मौत की होगी न शादी,
इस तरह फिर ख़ून बेचेगा न चाँदी,
इस तरह फिर नीड़ निगलेगी न आँधी,
शान्ति का झंडा लिए कर में हिमालय
रास्ता संसार को दिखला रहा है।
अब ज़माने को ख़बर कर दो कि 'नीरज' गा रहा है।

स्वर्ग दूत से

ऐसी क्या बात है, चलता हूँ अभी चलता हूँ
गीत एक और ज़रा झूमके गा लूँ तो चलूँ!

भटकी-भटकी है नज़र, गहरी-गहरी है निशा,
उलझी-उलझी है डगर, धुँधली-धुँधली है दिशा,
तारे खामोश खड़े, द्वारे बेहोश पड़े
सहमी-सहमी है किरण, बहकी-बहकी है उषा,
गीत बदनाम न हो, ज़िन्दगी शाम न हो
बुझते दीपों को ज़रा सूर्य बना लूँ तो चलूँ!

ऐसी क्या बात है, चलता हूँ अभी चलता हूँ
गीत एक और ज़रा झूमके गा लूँ तो चलूँ!

बीन बीमार औ' टूटी पड़ी शहनाई है,
रूठी पायल ने न बजने की क़सम खाई है,
सबके सब चुप न कहीं गूँज, न झंकार कोई
और यह जब कि आज चाँद की सगाई है,
कहीं न नींद यह गंगा की मौत बन जाए
सोई बगिया में ज़रा शोर मचा लूँ तो चलूँ!

ऐसी क्या बात है चलता हूँ अभी चलता हूँ
गीत एक और ज़रा झूमके गा लूँ तो चलूँ!

बाद मेरे जो यहाँ और हैं, गानेवाले,
स्वर की थपकी से पहाड़ों को सुलानेवाले,
उजाड़ बागों - बियाबान सूनसानों में,
छन्द की गन्ध से फूलों को खिलानेवाले,
उनके पाँवों के फफोले न कहीं फूट पड़ें
उनकी राहों के ज़रा शूल हटा लूँ तो चलूँ!

ऐसी क्या बात है चलता हूँ, अभी चलता हूँ
गीत एक और ज़रा गा लूँ तो चलूँ!

वे जो सूरज का गरम भाल खड़े चूम रहे,
वे जो तूफ़ान में किश्त को लिए घूम रहे,
भरे भादों की घुमड़ती हुई बदली की तरह,
वे जो चट्टान से टकराते हुए झूम रहे,
नये इतिहास की बाँहों का सहारा देकर,
तख़्ते-ताऊस पर जब उनको बिठा लूँ तो चलूँ!

ऐसी क्या बात है, चलता हूँ अभी चलता हूँ
गीत एक और ज़रा झूमके गा लूँ तो चलूँ!

यह लजाती हुई कलियों की शराबी चितवन,
गीत गाती हुई पायल की यह नटखट रुनझुन,
यह कुएँ-ताल, यह पनघट, यह त्रिवेणी संगम,
यह भुवन-भूमि अयोध्या, यह विकल वृन्दावन,
क्या पता स्वर्ग में फिर इनका दरस हो कि न हो,
धूल धरती की ज़रा सर पे चढ़ा लूँ तो चलूँ!

ऐसी क्या बात है, चलता हूँ अभी चलता हूँ
गीत एक और ज़रा झूमके गा लूँ तो चलूँ!

कैसे चल दूँ अभी कुछ और यहाँ मौसम है,
होने वाली है सुबह पर न सियाही कम है,
भूख-बेकारी-गरीबी की घनी छाया में,

हर ज़ुबाँ बन्द है, हर एक नज़र पुरनम है,
तन का कुछ ताप घटे, मन का कुछ पाप कटे,
दुखी इंसान के आँसू में नहा लूँ तो चलूँ!

ऐसी क्या बात है, चलता हूँ अभी चलता हूँ,
गीत एक और ज़रा झूमके गा लूँ तो चलूँ!

---

*इस गीत की प्रेरणा के लिए कवि एक उर्दू कविता का आभारी है।

भूखी धरती अब...

भूखी धरती अब भूख मिटाने आती है!

छुपते जाते हैं सूरज, चाँद-सितारे सब,
मुरदा मिट्टी अम्बर पर चढ़ती जाती है,
हो सावधान! सँभलो ओ ताज-तख़्तवालो!
भूखी धरती अब भूख मिटाने आती है।

कंकालों की जुड़ रही भीड़ चौराहे पर,
फिर से बननेवाला है कोई बज्रबान,
बिक रहे प्राण, बिक रहे शीश, बिक रही मौत,
फिर से जगने को है सोये मरघट मसान,
हर ओर मची है होली खून-पसीने की,
हर ओर अँगारों की खेती लहराती है।
हो सावधान! सँभालो ओ ताज-तख़्तवालो!
भूखी धरती अब भूख मिटाने आती है।।

हैं काँप रहीं मन्दिर-मस्जिद की मीनारें,
गीता-क़ुरान के अर्थ बदलते जाते हैं,
ढहते जाते हैं दुर्ग द्वार मक़बरे-महल
तख़्तों पर इस्पाती बादल मँडराते हैं,
अँगड़ाई लेकर जाग रहा इनसान नया
ज़िन्दगी कब्र पर बैठी बीन बजाती है।
हो सावधान! सँभालो ओ ताज-तख़्तवालो!
भूखी धरती अब भूख मिटाने आती है।।

मासूम लहू की गंगा में आ रही बाढ़,
नादिरशाही सिंहासन डूबा जाता है,
गल रही बर्फ़ सी डालर की काली कोठी,
एटम को भूख पेट फुलाये जाता है,
निकला है नभ पर नये सबेरे का सूरज
हर किरन नई दुलहिन सी सेज सजाती है।
हो सावधान! सँभलो ओ ताज-तख़्तवालो!
भूखी धरती अब भूख मिटाने आती है।।

पड़ रहीं समय की भौंहों में सलवटें-शिकन,
विन्ध्याचल करवट शीघ्र बदलने वाला है,
उठनेवाली है आग समुन्दर के दिल से
हिमवान किसी का खून उगलनेवाला है,
हर एक हवा का रुख कुछ बदला-बदला है,
हर एक फिज़ाँ में गरमी सी दिखलाती है।
हो सावधान! सँभलो ओ ताज-तख़्तवालो!
भूखी धरती अब भूख मिटाने आती है।।

तुम कफ़न चुराकर बैठ गये जा महलों में,
देखो! गाँधी की अर्थी नंगी जाती है,
इस रामराज्य के सुघर रेशमी दामन में
देखो सीता की लाज उतारी जाती है,
उस ओर श्याम की राधा वह वृन्दावन में
आलिंगन-चुम्बन बेच पेट भर पाती है।
हो सावधान! सँभलो ओ ताज-तख़्तवालो!
भूखी धरती जब भूख मिटाने आती है।।

तुमने नवयुग के विश्वासों को बहकाया,
भूखे के मुँह तक से तुम कौर छीन लाये,
ब्लैक-ट्रेड किया तुमने माँ की चोली तक से
आज़ादी तक धर चोर-बाज़ारों में आए,
मानवता के क़ातिलो! मगर यह याद रहे
क़ातिल की ही तलवार उसे खा जाती है।
हो सावधान! सँभलो ओ ताज-तख़्तवालो!
भूखी धरती अब भूख मिटाने आती है।।

शैशव-स्मृति

ऊषा की सुकुमार रश्मि से
रंजित थी जिसकी चितवन,
प्रात-स्वप्न-सा कहाँ खो गया
वह मेरा भोला बचपन!

मृदुल सुनहरी चंचलता वह
आज कहाँ हा! लीन हुई,
यौवन की मादक सरिता में,
क्या पीड़ा की मीन हुई!

सरल हँसी जिसमें सोती थी
पड़ी हुई पीड़ा चुपचाप,
आज अश्रु से लिखती उर में
अतीत का भूला इतिहास!

वह सुकुमार सुगन्धित कलिका
जिस पर था जीवन का भार,
आज धूल में पड़ी हुई है
मन में भरती हाहाकार!

यमुना-तट के वट-वृक्षों पर
वे अपने अद्भुत-से खेल,
आज हुए हैं अतीत में लय
क्रूर काल की घातें झेल!

वे मिट्टी के क्षणिक घरौंदे
जिनको गढ़-गढ़ कर पथ पर
मेरा मन मीठी मस्ती से
रह जाता था सिहर-सिहर!

रज-कण जिनसे दूर-दूर हम
अब नित-प्रति बचते चलते,
बचपन में वे ही मुझको थे
प्राणों-से प्यारे लगते!

आज भूल जाता क्यों यह जग
मिट्टी का निर्मित-जीवन,
मिट्टी पर ही सधा हुआ है
मानव का मानस चेतन!

काले-काले मटियाले वे
उलझे हुए केश-गुम्फन,
जिनमें उलझ पड़ा रहता था
मात-पिता का भूला मन!

वे अन्तर के चाव चोचले
जिनमें छिपा जननि का स्वर्ग,
तुतली बातें सुनकर जिनको
बन्धन बनता था अपवर्ग!

आज सभी वे बातें मुझको
बुझी पहेली-सी लगतीं,
फिर भी उर में अरे, न जाने
क्यों हलचल पैदा करतीं!

सखि! क्या याद तुम्हें वह दिन है
जिस दिन सहसा पहली बार,
चिर अज्ञात भाव से दो मन
स्वयं हुए थे एकाकार!

कुछ-कुछ याद पड़ रहा मुझको,
उस दिन था कोई त्यौहार,
जिसके कारण यमुना-तट पर
उमड़ पड़ी थी भीड़ अपार!

वहीं प्रथम मैंने देखा था
तुम्हें भीड़ के कोने में,
माँ के संग से छूट गई थी
और व्यस्त थी रोने में!

पास तुम्हारे जाकर मैंने
पूछा, 'तुम त्यों लोती हो?
मुन्नी लानी, लो-लोतर त्यों
नई फिलात भिदोती हो?'

मौन रहीं तुम किन्तु तुम्हारे
नयनों की कोमल भाषा—
ने ही बतला दी मधुरे, तव—
मूक हृदय की परिभाषा!

मैंने कहा, 'तलो थंद मेरे
लड्डू तुम्हें थिलाऊँदा,
एत तहानी लानी लाजा—
ती मैं थूब छुनाऊँदा!'

नाम मिठाई का सुनकर तब
तुम मुसकाई थी पलभर,
तुतला कर बोली थी मेरे—
कंधे पर निज कर धर कर!

'मालोदे तो नहीं मुझे तुम?
पहले छछ-छछ बतलाओ,
जला तुम्हें भी दे दूँगी मैं
बूँदी ता लद्दू लाओ!

गुड़्‌ड़ू है शैतान बहुत—वह
मुझे मालता है हल लोज,
हम तुम भी मालेंदे उछको
जब घर पर लाएँदे थोज!'

मैंने कहा, 'बीच तानों ते
उछका सर तर दूँदा मैं,
नाक कात कर नानी अम्मा के
घर में धर दूँदा मैं!'

हँस कर निज कर से मैंने फिर
लड्डू तुम्हें खिलाया था,
और हाथ में हाथ पकड़ कर
साथ तुम्हें घर लाया था!

वह मुसकान तुम्हारी अब तक
चमक रही इन प्राणों में,
जिसकी धुँधली आभा मिलती
मेरे गीले गानों में!

खेल-खेल की आँख-मिचौनी
आज बन गई मन की प्रीति,
हार कहूँ उसको यौवन की
या समझूँ बचपन की जीत!

हार, जीत का सूक्ष्म भेद तब
जान सका था यह थोड़ा,
जीता, वह बनता सवार था,
हारा—वह बनता घोड़ा!

ओ जीवन के स्वर्णिम क्षण तू
आज कहाँ बतला मुझको?
बीहड़ पथ पर भटक रहा हूँ
सीधा मार्ग दिखा मुझको!

ओ बन्धन-निर्वाण मधुर ओ!
मानव के मधुमय वरदान,
एक बार फिर से चल आ तू
ओ प्राथमिक हृदय-विज्ञान!

ईर्ष्या, चिन्ता से विमुक्त ओ
चन्द्र किरन से शीतल मन,
जीवन का रहस्य समझा दे
एक बार फिर परिचित क्षण!

ओ अन्तर के मृदु कोलाहल!
ओ संचित सौरभ के कोष,
पाप, वासना-रहित मधुर ओ!
सुन्दरता से सुन्दर दोष!

छुटे सभी वे खेल, लुटे सब
शिशु सपने सुन्दर सुकुमार,
आज शेष मैं, और शेष हैं
नयनों में आँसू दो-चार!

इससे ओ! जड़ते तू! आ जा
चेतनता मेरी हर ले!
अपने अंचल की छाया में
मेरी ज्योति सभी भर ले!

कानपुर के नाम पाती

कानपुर! आह! आज तेरी याद फिर आई
स्याह कुछ और मेरी रात हुई जाती है,
आँख पहले भी यह रोई थीं बहुत तेरे लिए
अब तो लगता है कि बरसात हुई जाती है।

तू क्या रूठा मेरे चेहरे का रंग रूठ गया
तू क्या छूटा मेरे दिल ने ही मुझे छोड़ दिया,
इस तरह ग़म में है बदली हुई हर एक ख़ुशी
जैसे मंडप में ही दुलहिन ने हो दम तोड़ दिया।

प्यार करके भी मुझे भूल गया तू लेकिन
मैं तेरे प्यार का अहसान चुकाऊँ कैसे,
जिसके सीने से लिपट आँख है रोई सौ बार
उसकी तस्वीर से आँसू ये छिपाऊँ कैसे!

आज भी तेरे बेनिशान किसी कोने में
मेरी ग़ुमनाम उमीदों की बसी बस्ती है,
आज भी तेरी किसी मिल के किसी फाटक पर
मेरी मजबूर गरीबी खड़ी तरसती है।

फर्श पर तेरे 'तिलक हाल' के अब भी जाकर
ठीक बचपन मेरे गीतों का खेल आता है,
आज भी तेरे 'फूलबाग' की हर पत्ती पर
आस बन-बनके मेरा दर्द बरस जाता है।

करती टाइप किसी आफिस की किसी टेबिल पर
आज भी बैठी कहीं होगी थकावट मेरी,
खोई-खोई सी परेशान किसी उलझन में
किसी फाइल पे झुकी होगी लिखावट मेरी।

कुरसवाँ की वह अँधेरे सी हवादार गली
मेरे गुंजन ने जहाँ पहली किरन देखी थी,
मेरी बदनाम जवानी के बुढ़ापे ने जहाँ
ज़िन्दगी भूख के शोलों में दफन देखी थी।

आज भी उसके ख़तावार छिलके आवारा
मेरे पैरों से लिपटने के लिए फिरते हैं,
आज भी उसकी सिसकती हुई दीवारों से
टूटे सपने मेरे चूने की तरह झरते हैं।

और ऋषियों के नाम वाला वो नामी कालिज
प्यार देकर भी जो न्याय दे सका मुझको,
मेरी बगिया की हवा जो तू उधर से गुज़रे
कुछ भी कहना न, बस सीने से लगाना उसको।

क्योंकि वह ज्ञान का इक तीर्थ है जिसके तट पर
खेलकर मेरी कलम आज सुहागिन है बनी
क्योंकि वह एक शिवाला है जिसकी देहरी पर
होके नतशीश मेरी अर्चना हुई है धनी।

आज भी उसके डेस्कों पे झुकी जमुहाती
मेरी ठिठुरी सी सुबह सुन रही होगी लेक्चर,
आज भी उसके रजिस्टर के किसी खाने को
मेरे गुमनाम या सरनाम की कुछ होगी खबर।

बात यह सिर्फ़ किन्तु जानती है 'मेस्टन रोड'
ट्यूब कितने कि मेरी साइकिल ने बदले हैं,
और 'चित्रा' से जो चाहो तो पूछ लेना तुम
मेरी तस्वीर में किस-किस के रंग धुँधले हैं।

गीत मैं किसके लिए लिखता हूँ यह राज़ तुम्हें
डाकिया नेहरू नगर का ही बता सकता है,
परदा जो मेरे आँसुओं को ढके रहता है
वह तो बस कोई सितमगर ही उठा सकता है।

और वह शाम, आह मेरी हार जीत की शाम
आँख से आँख मिलाके जो रह गई थी खड़ी,
आज भी दिल के आईने में आठ साल के बाद
वो ही सूरत हाँ उसी नाज़ो-अदा से है जड़ी।

शोख़ मुस्कान वही और वही ढीठ नज़र
साथ साँसों के यहाँ तक रे चली आई है,
तीन सौ मील की दूरी भी कोई दूरी है
प्रेम की गाँठ तो मरके भी न खुल पाई है।

याद आती है बहुत छाँव वह इमली वाली
छाँह जिसकी कि दुबारा न फिर हम घूम सके,
आज तक भूल न पाया वह चाँद पूनम का
चूमने को जिसे दौड़े न मगर चूम सके।

आह! वह लाल हथेली वह तुनकती मेंहदी
अब भी सपनों के बियावाँ में महक जाती है,
अब भी रातों के स्याह-सुन्न से सन्नाटे में
एक है आग जो बुझ-बुझ के दहक जाती है।

किसकी अलकों की नरम छाँह में जा सो जाऊँ
अब वे रातें न रहीं, अब वे बिछौने न रहे,
किसकी तस्वीर से रोता हुआ दिल बहलाऊँ
अब वह बचपन न रहा, अब वह खिलौने न रहे।

कानपुर! आज जो देखे तू अपने बेटे को
अपने नीरज की जगह लाश उसकी पाएगा
सस्ता ख़ुद इतना यहाँ मैंने ख़ुद को बेचा है
मुझको मुफलिस भी खरीदे तो सहम जाएगा।

कानपुर! तूने मुझे इतना उमर तो दे दी
किन्तु रहने को तीन गज़ ज़मीन दे न सका,
पोंछ लूँ जिससे मैं अपने ये सुलगते आँसू
मेरे गीतों को एक आस्तीन दे न सका।

तेरे बाज़ार में बिकता भी तो मैं ख़ुश होता
बिकके इस गाँव मगर चैन न पा सकता हूँ,
सर उठाकर के इजाजत जो मिले चलने की
ये शहर छोड़के मैं नर्क में जा सकता हूँ।

साल भर बाद बुलाया है तूने आज मुझे
चाहे कुछ भी तू कहे, यूँ न मैं आ पाऊँगा,
पालकी कवि की उठाना तुझे जब आ जाए
मुझको लिखना मैं तुझे दौड़ के मिल जाऊँगा।

और तब तक के लिए अपने कारखानों को
खूब समझा दे कि उगले न ज़हर धरती पर,
यूँ ही पीती न रहेगी मेरी धरती यह धुआँ
यूँ ही रोती न रहेगी नये भारत की नज़र!

नीरज की पाती

1

आज की रात तुझे आख़िरी ख़त और लिख दूँ
कौन जाने यह दिया सुबह तक जले न जले?
बम वारूद के इस दौर में मालूम नहीं
ऐसी रंगीन हवा फिर कभी चले न चले।

ज़िन्दगी सिर्फ़ है खूराक टैंक तोपों की
और इनसान है एक कारतूस गोली का,
सभ्यता घूमती लाशों की इक नुमाइश है
और है रंग नया ख़ून नई होली का।

कौन जाने कि तेरी नर्गिसी आँखों में कल
स्वप्न सोये कि किसी स्वप्न का मरण सोये,
और शैतान तेरे रेशमी आँचल से लिपट
चाँद रोये कि किसी चाँद का कफ़न रोये।

कुछ नहीं ठीक है कल मौत की इस घाटी में
किस समय किसके सबेरे की शाम हो जाए,
डोली तू द्वार सितारों के सजाए ही रहे
और ये बारात अँधेरे में कहीं खो जाए।

मुफ़लिसी भूख ग़रीबी से दबे देश का दुख
डर है कल मुझको कहीं ख़ुद से न बाग़ी कर दे,
जुल्म की छाँह में दम तोड़ती साँसों का लहू

स्वर में मेरे न कहीं आग अँगारे भर दे।
चूड़ियाँ टूटी हुई नंगी सड़क की शायद
कल तेरे वास्ते कंगन न मुझे लाने दें,
झुलसे बागों के धुआँ खाये हुए पात कुसुम
गोरे हाथों में न मेंहदी का रंग आने दें।

यह भी मुमकिन है कि कल उजड़े हुए गाँव गली
मुझको फ़ुरसत ही न दें तेरे निकट आने की,
तेरी मदहोश नज़र की शराब पीने की
और उलझी हुई अलकें तेरी सुलझाने की।

फिर अगर सूने पड़े द्वार सिसकते आँगन
क्या करूँगा जो मेरे फ़र्ज़ को ललकार उठे?
जाना होगा ही अगर अपने सफ़र में थककर
मेरे हमराह मेरे गीत को पुकार उठे।

इसलिए आज तुझे आख़िरी ख़त और लिख दूँ
आज मैं आग के दरिया में उतर जाऊँगा,
गोरी-गोरी सी तेरी सन्दली बाँहों की कसम
लौट आया तो तुझे चाँद नया लाऊँगा।

2

आज की रात बड़ी शोख़ बड़ी नटखट है
आज तो तेरे बिना नींद नहीं आएगी,
आज तो तेरे ही आने का यहाँ मौसम है
आज तबियत न ख़यालों से बहल पाएगी।

देख! वह छत पे उतर आई है सावन की घटा
खेल खिड़की से रही आँख-मिचौनी बिजली,
दर पे हाथों में लिये बाँसुरी बैठी है बाहर
और गाती है कहीं कोई कुयलिया कजली।

पीऊ पपीहे की, यह पुरवाई, यह बादल की गरज
ऐसे नस-नस में तेरी चाह जगा जाती है,
जैसे पिंजरे में छटपटाते हुए पंछी को
अपनी आज़ाद उड़ानों की याद आती है।

जगमगाते हुए जुगनू—यह दिये आवारा
इस तरह रोते हुए नीम पे जल उठते हैं,
जैसे बरसों से बुझी सूनी पड़ी आँखों में
ढीठ बचपन के कभी स्वप्न मचल उठते हैं।

और रिमझिम ये गुनहगार, यह पानी की फुहार
यूँ किसे देती है गुमराह वियोगी मन को
ज्यूँ किसी फूल की गोदी में पड़ी ओस की बूँद
जूठा कर देती है भौंरों के झुके चुम्बन को।

पार जमना के सिसकती हुई विरहा की लहर
चीरती आती है जो धार की गहराई को,
ऐसा लगता है महकती हुई साँसों ने तेरी
छू दिया है किसी सोई हुई शहनाई को।

और दीवानी सी चम्पा की नशीली ख़ुशबू
आ रही है कि जो छन-छन के घनी डालों से,
जान पड़ता है किसी ढीठ झकोरे से लिपट
खेल आई है तेरे उलझे हुए बालों से!

अब तो आजा ओ कँवल-पात-चरन, चन्द्र बदन!
साँस हर मेरी अकेली है, दुकेली कर दे,
सूने सपनों के गले डाल दे गोरी बाँहें
सर्द माथे पे ज़रा गर्म हथेले धर दे!

पर ठहर, वे जो वहाँ लेटे हैं फुट-पाथों पर
सर पे पानी की हरेक बूँद को लेने के लिए,
उगते सूरज की नयी आरती करने के लिए
और लेखों को नयी सुर्खियाँ देने के लिए।

और वह झोपड़ी, छत जिसकी स्वयं है आकाश
पास जिसके कि ख़ुशी आते शर्म खाती है,
गीले आँचल ही सुखाते जहाँ ढलती है धूप
छाते छप्पर ही जहाँ ज़िन्दगी सो जाती है।

पहले इन सबके लिए एक इमारत गढ़ लूँ
फिर तेरी साँवली अलकों के सपन देखूँगा,
पहले हर दीप के सर पर कोई साया कर दूँ
फिर तेरे भाल पे चन्दा की किरन देखूँगा।

कल्पना के नाम

कल्पना आह! तू कितनी मायाविन निकली
पहले तो नींद चुराली, पीछे ख़बर न ली,
हो गई सुबह की शाम, न पूछा पर यह भी
है कात रही किस तरह सूत जीवन-तकली।

तेरी कजरारी पलकों के सम्मोहन में
है कौन शाप जो मैंने जग में सहा नहीं?
तेरी अलकों का एक फूल बस पाने को
घर लूट रहे खँडहर से भी कुछ कहा नहीं।

भूख ने चाट ठठरी कर दी कंचन काया
भर दिया प्यास ने लावा सूखे प्राणों में,
पर तू होगी साकार एक दिन इसीलिए
मैं खड़ा रहा इन जलते रेगिस्तानों में।

आँगन की तुलसी मुरझा गई बिना छाया
पर तुझे सजाता रहा फूल से चन्दन से,
दरवाजे सूने झूले सिसका किये मगर
बहलाता रहा तुझे भ्रमरों के गुंजन से।

मारती रहीं कोड़े आ-आ आँधियाँ रोज़
बदनामी करता फिरा अँधेरा डगर-डगर,
पर तुझको मिले प्रकाश इसी से दीपक सा
बिन बाती स्नेह जला घुट-घुटकर जीवन-भर।

दुनिया के चौड़े [illegible] चौराहे पर
जब खेल रहा था फागुन होली फूलों की,
तब भी मैं बैठा रहा स्वप्न तेरे बुनता
छाती में चुभन दबाये पथ के शूलों की।

था स्वयं देवता, पूजा किन्तु तुझे देने
झोली ले भिक्षुक बन घूमा द्वारे-द्वारे,
तेरी आँखों में पानी देख न ले दुनिया
कर दिये क़त्ल अपने जवान सपने सारे।

लोगों ने गाली भी दी तो तेरे कारण
उत्तर उन सबका दिया पपीहे के स्वर में,
दुनिया ने लूटा भी तो तुझे रिझाने को
मैं हँसता रहा खड़ा जीवन के पतझर में।

सोने ने पास बुलाया अपनी चमक दिखा
संकेत कलों ने किया रूप के गाँवों से,
पर हो जाए बदनाम न तेरा नाम कहीं
सब कुछ सहकर भी लिपटा रहा अभावों से।

नाचीज़ साथ के तिनके आसमान पहुँचे
बन गये सितारे अनपढ़ बेवकूफ़ ढेले,
पर तेरी करता हुआ साधना मैं अब तक
हूँ खड़ा वहीं, लगे न जहाँ कभी मेले।

मेरी परछाईं भी जब छोड़ गई मुझको
तब भी तेरा आँचल मेरे हाथों में था,
रोशनी न कोई दिखती थी जब आस-पास
तब भी तेरा जादू मेरी रातों में था।

तू तो कहती थी जैसे वर्षा को छूकर
आ जाती है हर गर्म हवा में ठंडाई,

वैसे ही तेरे तट पर ज़रा नहाने से
छूट जाएगी मेरे जीवन की सब काई।

पर आज यहाँ मैं धूनी-सा जल रहा और
तू खेल रही है नभ में फाग सितारों से,
मेरे गीतों की लाशों पर जब कफ़न नहीं
तेरी साड़ी को फुरसत नहीं बहारों से।

यह थका-थका सा टूटा-टूटा सा शरीर
अर्थी सा बोझ बना है जब दुनिया भर को,
तू नन्दन में तब कल्पवृक्ष की छाँह तले
है बाँट रही चाँदनी किसी वंशीधर को।

मेरी मुट्ठी में बन्द विवशताएँ लाखों
तू छिटक रही है ऊषा मगर हथेली में,
खाये जाता है (दुख)-घुन जब मेरा उपवन
तू नहा रही है सोने जुही-चमेली में

मैं तो समझा था—तेरे अँचल में मेरे
आँसू का हर क़तरा शबनम हो जाएगा,
यह दर्द न जिसने सारी उम्र दिया सोने
तू हँस भर देगी तो मरहम हो जाएगा।

लेकिन मालूम नहीं था मेरी धरती से
सौ यौजन दूरी पर है तेरा रंग-महल,
मैं कितने ही लूँ जन्म, चलूँ कितना ही पर
हूँ चूम नहीं सकता तेरे दृग का काजल।

मुकुलित पाटल पखुँरियों से वे अरुण अधर
तन गोराई-हो-जैसे धूप निकल आई,
वे जगती हुई सुबह-से रतनारे लोचन
सपने जिनमें पल-पल लेते थे अँगड़ाई।

तोतापंखी कंचुकी इन्द्रधनुषी चूनर
अधरों में अँगुली दाब मधुर वो मुस्काना,
मिलते ही नयन लजा घूँघट में छिप जाना
साँवली घटाओं-सा फिर झूम-झूम आना।

कुछ नहीं ख्वाब था सिर्फ़ एक रंगीनी का
धरती की ठोकर खाते ही जो टूट गया,
मैं अमृत भरा समझे था स्वर्ण कलश जिसको
कुछ नहीं, एक विष-घट था गिरकर फूट गया।

अब मैं हूँ, मेरे आँसू और मेरा तप है
वह स्वर्गपरी उड़ गई कि जो भरमाये थी,
अब मेरे आस-पास हैं गिरती दीवारें
ढह गई स्वप्ननगरी जो सत्य छिपाये थी।

मेरे यथार्थ आ! तू कुरूप ही सही मगर
तुझमें से जीवन की तो आहट आती है,
तेरे तन पर रेशम न सही-टाट ही सही
पर थकी साँस छाँह तो वहाँ पा जाती है।

हों भले न तेरे पास सितारे वे छलिया
जो हृदय चुराते हैं पर पास न आते हैं,
लेकिन तेरे पर हैं वे दीपक स्नेह भरे
जो ख़ुद बुझ जाते पर अँधियार मिटाते हैं।

काला है तेरा रंग बिवाई पड़े हाथ
मन हरने वाली है न शरारत चितवन में,
फिर भी तू सुन्दर है इसलिए कि भोला है
फिर भी तू पूज्य कि कपट न है तेरे मन में।

कोयल की बोली की मिठास तुझको न मिली
पर तेरी बात हृदय से होकर आती है,

तू तरह-तरह से प्रेम-पत्र चाहे न लिखे
पर तेरी प्रीत प्राण से ब्याह रचाती है।

वे ऊँचे-ऊँचे महल न तेरे लिए जहाँ
बसते हैं नाग ओढ़कर केंचुली कंचन की,
तेरे जूड़े में वे गुलाब के फूल नहीं
घायल कर भी जो बात न सुनते हैं मन की।

तू निर्धन (दुखी) दलित है मेरे ही समान
इसलिए पास आ तुझको गले लगाऊँ मैं,
हूँ बहुत कर चुका प्यार मोहनी शक्लों से
अब आ तेरे माथे की धूल छुटाऊँ मैं।

मेरी लेखिनी घुली है, लेकिन बिकी नहीं
गा तेरा गीत अमर तुझको कर दूँगा मैं,
जिस स्वर्ग-सदन में पड़ी कल्पना सोती है
वह स्वर्ग हथेली पर तेरी धर दूँगा मैं।

पुरानी पीढ़ी के नाम नई पीढ़ी का निवेदन

मन्दिर पर तो अधिकार पा गये तुम लेकिन
भाई इसका दरवाजा तो मत बन्द करो,
बाहर जो खड़ी हुई है पीढ़ी एक नई
उसके बिस्तर का भी तो कहीं प्रबन्ध करो।

वह भूखी प्यासी राह खोजती फिरे और
तुम शकर मिलाते रहो चाय की प्याली में,
उसके सपने हो विवश तोड़ दें दम अपना
फुरसत न तुम्हें दें ताश मगर दीवाली में।

कल के जो सूरज हैं न कुटी भी मिले उन्हें,
बुझने वाले दीवे पर घेरे रहें महल,
उगते अंकुर मर जाएँ बिना हवा पानी
पतझर के पत्ते पिया करें पर गंगाजल।

यह तो है न्याय नहीं तुसली के बेटों का,
ओट में बड़प्पन की सीधा-सादा छल है,
हर एक प्रश्न फिर जिससे उत्तर माँग रहा
यह ऐसा नये सवालों का झूठा हल है।

तुम श्वास-श्वास में बसे हमारी वायु सदृश
जानते नहीं पर पीर हमारे प्राणों की,
हमने तुमको श्रद्धा दी पूजा दी लेकिन
तुमने न आह तक सुनी हमारे गानों की।

डगमगा रहे थे जब तुम आँधी के आगे
खोजते भोर का गाँव अँधेरी गलियों में,
वे कन्धे पुष्ट-बलिष्ठ हमारे ही थे जो
ले आए तुम्हें उठा इन फूलों कलियों में।

और आज जहाँ बैठे हो तुम पालथी मार
सिंहासन नहीं अरे वह हृदय हमारा है।
हों भले अपूज्य मगर तुमको पूजा देकर
यह वैभव सब हमने ही तुम पर वारा है।

हर एक नई पीढ़ी वह सीढ़ी है जिस पर
चढ़कर गत-युग नीचे से ऊपर आता है,
जैसे पुरवाई के झोंके पर हो सवार
बादल समुद्र से उठ नभ पर छा जाता है,

बूढ़ी सन्ध्या को दीप दिखाता यदि न चाँद
ठोकर खाती फिरती दुनिया अँधियारी में,
जर्जर पतझर को देता यदि न वसन्त प्यार
धूल ही धूल दिखती सबकी फुलवारी में।

तट पर तुम खड़े हो लेकिन याद रखो
अपने ही बल से तुम न यहाँ तक आए हो,
लाखों लहरों ने तुम्हें ढकेला है आगे
तुम सब यह सिन्धु अथाह पार कर पाये हो।

वह वर्तमान ही है जिसकी श्रद्धा पाकर
जीवित हो जाता है फिर से मुरदा अतीत,
ज्यों मलयानिल के आलिंगन से अंग भेट
हो अरुन बरन जाती है मृत पंखुरी पीत।

यौवन है दीपक एक बुढ़ापे के हाथों
हर जरा उसे लेकर ही पथ तय करती है,

उसके सँग रहने से ही वक़्त बदलता है
उससे ही नज़र मिलाकर नज़र निखरती है।

लेकिन तुम लेटे हुए बड़े क़ालीनों पर
हो भूल गये अब टाटों के बलिदानों को,
वैसे ही जैसे करके ब्याह बुढ़ापे में
है बाप भूल जाता अपनी सन्तानों को।

भूलो-भूलो तुम खूब, मगर यह याद रहे
इतिहास थके स्वर को न शंख निज देता है,
इन घिसी हुई क़लमों से खत न लिखो उसको
वह सिर्फ़ जवानी का ही चुम्बन लेता है।

हर एक सृजन की पहली शर्त नव्यता है
प्रतिभा करती है ब्याह न थके हुए मन से,
सजता है नहीं सुहाग पुरानी चुनरी से,
अर्चना नहीं होती है जूठे चन्दन से।

हर युग की अपनी-अपनी भाषा होती है
एक ही न सिक्का चलता सदा ज़माने में,
हर पूजा का अपना गृह है अपना पथ है
हैं सभी न कंठ मिलाते एक तराने में।

तुमने जो दिया तुम्हारे युग का वह ऋण था
हम जो दे रहे हमारे युग का दर्पण है,
दोनों की ही आरती धरा की पूजा है
दोनों की ही बाँसुरी समय की धड़कन है।

इसलिए उठो, स्वागत के बन्दनवार सजो
अभिनन्दन करो नये युग के विश्वासों का,
यदि देर हुई तो डर है बिना कहे तुमसे
घुस आएगा भीतर मौसम मधुमासों का।

समकालीन गीतकार के नाम

तू लिखता है—"हो गई मौत कल कविता की
बिन कफ़न दुधमुँहें गीत दफ़न हो गये आज,
मुर्दा सी गुमसुम पड़ी धूल में है वीणा
धुन रहा शीश जैसे अनाथ सब-स्वर समाज।

वे तानें धूप चाँदनी जिनसे गई झूम
अब भटक रही है आवारा बाज़ारों में,
वे छन्द कि जैसे खिले हुए हों ज्योति कमल
खुदकुशी कर रहे हैं छिपकर अँधियारों में।

वह मस्ती जिस पर हवा निछावर होती थी
कल्पना कि जो रवि तक से आँख मिला आई,
पिसकर दो पाटों बीच भूख की चक्की के
बेबस ऐसी है ज्यों विधवा की तरुणाई।

झुक गया सामने आकर जिनके स्वयं स्वर्ग
वे उच्चादर्श, विचार, शान्ति समता वाले,
कल हाय ग़रीबी ने नीलाम कर दिये सब
जब तान दिये मकड़ी ने चूल्हे पर जाले।

तुम देख गये थे गये साल इस आँगन में
मुस्काता एक फूल जो चार पँखुरियों का,
झर गया अभावों की आँधी में परसों ही
मैं शेष मगर हूँ जैसे प्रेत ठठरियों का।

तेरो थे गीत जन्म जिनकी मुस्कानों में
जब एक-एक कर वे ही सब कर कूंच गये,
फिर तुम्हीं कहो इस जीवन की वधशाला में
मैं किसके लिए गीत सरजूँ नित नये-नये?

सच तूने बहुत सहा इस कविता के हाथों
जीने का हक भी मिला न तुझे ज़माने में
अपमान, उपेक्षा, भूख, अभाव, घृणा, निन्दा
कुछ रखी किसी ने कमी न तुझे मिटाने में।

तू तिल-तिल घुलता रहा, सिसकता रहा मगर
मिट-मिटकर भी तूने गीतों का दान किया,
लेकिन इतने पर भी हिन्दी के कर्णधार
सह सके न तेरे घर का जलता हुआ दिया।

गलियों-गलियों जब दीवाली के दीप जले
तब भी तेरे घर को उजियाला मिला नहीं,
घर-घर रेशम के परदे टँगे मगर तेरे
सपनों के शव को एक दुशाला मिला नहीं।

आई बहार तो बगिया-बगिया महक उठी
जेठ ही सुलगता रहा किन्तु तेरे द्वारे,
पूनम जब छत-छत को आकर दे गई चाँद
तू गिना किया अपने असमय डूबे तारे।

वे फटी-फटी आँखें, पीला-पीला सा मुख
मस्तक पर चिन्ताओं की रेखाएँ काली,
अब तक भूला हूँ नहीं याद है उसी तरह
है याद सुबह को जैसे सन्ध्या की लाली।

लेकिन निराश मत हो ओ मेरे गीतकार!
तूने जो यज्ञ किया वह फल लाएगा ही

तेरी प्रतिभा को ग्रहण लगे चाहे जितना
कल तेरा गीत विश्व सब दुहराएगा ही।

यह द्वेष-दम्भ निन्दा नफ़रत से भरा शोर
कुंडली मार बैठे नागों की फूत्कार,
यह वंचक कौरव दल का कुत्सित चक्रव्यूह,
यह छल जयद्रथी, यह दुशासनी अहंकार,

कुछ नहीं सिर्फ़ है नाटक लालच लिप्सा का
जल्दी ही जिस पर परदा गिरने वाला है,
तू छेड़े जा अपना नवयुग वाला सितार
उत्सुक तेरे स्वर को हर एक शिवाला है।

है गीत सृष्टि का दर्पण, अर्पण आत्मा का
यह नहीं मरा है, नहीं कभी मर सकता है,
यह गद्य-बुद्धि का वैभव दृग गढ़े कितने
बिन राग न कोई रीता घट भर सकता है।

हर श्वास एक बाँसुरी, देह हर वृन्दावन
हर प्राण कृष्ण, हर आयु एक ग्वालिनिया है,
पर जिसकी लय पर थिरक रही है हर मटकी
वह और न कुछ, बस गीत बताती दुनिया है।

जो उफन रही है उधर चूमने गगन भाल
वह लहर नहीं है सिर्फ़ तान है सागर की,
बूँदों के घुँघरू बजा रही जो नृत्य निरत
बदली न कहो स्वर-सरयू है गंगाधर की।

यह धड़कन धड़क रही है जो हर हृदय मध्य
वह किसी नृत्य की रुनझुन ही है, श्वास नहीं,
कृति में जो कृत, श्रुति में जो श्रुत, ऋतु में जो ऋतु
वह नाद ब्रह्म है, पतझर या मधुमास नहीं।

जो निहँसा रहा उस ओर सरों में बन सरोज
मत कुसुम कहो, जल-कविता का है छन्द एक,
जो ठुमुक रही है पहन चाँदनी का दुकूल
समझो न निशा, है गगन-यमन की गन्ध एक।

पड़ते ही पहली बूँद धरा पाषाणी
छाती जो फोड़ धधक उठता है अग्निकान्त,
वह अंकुर नहीं, शंख से श्रम के फूट पड़ा
है दीपक राग अँगारा हो जैसे अशान्त।

सपनों का काजल आँज नींद की शय्या पर
जब बेसुध हो जाता है श्यामा का सिंगार,
तब किरन बाँसुरी छेड़ खोलती है जो दृग
रे किसी भैरवी की ही तो वह है पुकार।

भू-नभ, जल-पावक पवन, नखत रवि शशि अमन्द
हैं घूम रहे अह रह बँध जिस आकर्षण में,
वह किसी अचीन्हे स्वर की सरगम ही तो है
जो गूँज रही अणु-अणु में दुति ज्यों दर्पण में।

आरोह जन्म, अवराहे मरण, लयताल सृष्टि
गुनगुन जीवन, मूर्च्छना मीड़-सुख-दुख विधान,
गीत ही आदि, गीत ही मध्य, गीत ही अन्त
बिन गीत विश्व है केवल मरघट के समान।

स्वरदूत! उठा इससे फिर अपनी अग्निबीन
मत सोच प्यार तुझ पर है किस पुरवाई का,
तू गाता चल जैसे गाती है कोयलिया
जब रूप महकता है बौरा अमराई का।

गुनगुना जिस तरह गुनगुन करता है भौंरा
जब फूल मचलता है किरनों के चुम्बन को,

ऐसे पुकार जैसे पुकारता है पपिहा
जब भोर पिन्हाती है हरियाली सावन को।

वह तान उठा जैसे उठती है सुबह-सुबह
रजनी की सेज छोड़कर उषा की लाली,
वह छेड़ तार ज्यों नदी बजाती है सितार
जब लहर कूल को दे दे जाती है गाली।

जिस तरह किरन करती है कलियों का सिंगार
उस तरह गूँथ बिखरी अलकें मानवता की,
जिस तरह मिटा देती है संशय को श्रद्धा
उस तरह भेद यह फैली रात विषमता की।

प्यासी दुनिया है, सूने हैं पथ गाँव गली
तू बरस कि सब की रीती गागर भर जाए,
बहुतों की मावस ने देखा है नहीं चाँद
तू बोल कि पूनम घर-घर दौड़ चली आए।

होकर बेघर जो बिखर रहे हैं इधर-उधर
वे सब स्वर तेरी ही माला के दाने हैं,
वे ध्वनियाँ जो सड़कों पर खड़ी लुट रही हैं
रे! और न कोई, तेरी ही सन्तानें हैं।

उठ उनके बहके-बहके पग को राह बता
खोये-खोये विश्वासों को साहस बल दे,
सोई-सोई साँसों में जागृति के स्वर भर
रोई-रोई आँखों को हँसता काजल दे।

तू गा हम सबके सारे सपने हैं तेरे
तू गा हम सबकी तुझ पर उम्र निछावर है,
तू गा हम सब तुझको अपना तप देते हैं
तू गा कि आ रहा फिर कलियुग में द्वापर है।

उद्जन बम्ब के परीक्षण पर

अब तो जाओ तैयार, साथियो! देर न हो,
दुश्मन ने फिर बारूदी-बिगुल बजाया है,
बेमौसम फिर इस नये चमन के फूलों पर
सर कफ़न बाँधने वाला मौसम आया है!

फिर बनने वाला है जग मुरदों का पड़ाव
फिर बिकने वाला है लोहू बज़ारों में,
करने वाली है मौत मरघटों का सिंगार
सोने वाली है फिर बहार पतझरों में!

फिर सूजरमुखी सुबह के आनन की लाली
काली होने वाली है धूम-घटाओं से,
फिर नाज़ुक फूलों वाली धरती की थाली
भरने वाली है क़ब्रों-कफ़न चिताओं से,

जिनके माथे की बेंदी घर की हँसी-ख़ुशी
जिनके कर की मेंहदी दर की उजियाली है,
जिनके पग की पायल आँगन की चहल-पहल
जिनकी नीली चुनरी होली-दीवाली है,

अपनी उन शोभा, सीता, राधा, लक्ष्मी के
फिर झुके घूँघटों के खुल जाने का डर है,
अपनी उन हरिनी-सी कन्याओं-बहनों पर
खूँखार भेंड़ियों के चढ़ आने का डर है,

सारी थकान की दवा कि जिनकी किलकारी
सब चिन्ताओं का हल जिनका चंचलपन है,
सारी साधों का सुख जिनका तुतलाता मुख
सारे बन्धनों की मुक्ति कि जिनकी चितवन है,

अपने आँगन के उन शैतान चिराग़ों के
हाथों का दूध-खिलौना छिननेवाला है,
अपने दरवाज़े के उन सुन्दर फूलों से
दुश्मन भालों की माला बुननेवाला है!

जिन खेतों में बैठा मुसकाता है भविष्य,
जिन खलिहानों में लिखी जा रही युग-गीता,
जिस अमराई में झूल रहा इतिहास नया
जिन बागों की हर ऋतुरानी है परिणीता,

उन सब पर एक बार फिर असमय-अनजाने
छानेवाली है स्याह-नक़ाबी ख़ामोशी,
उन सब पर एक बार फिर भरी दुपहरी में
आनेवाली है ज़हर-बुझाई बेहोशी!

वे पनघट जिनकी पाँव-फिसलनी सीढ़ी पर
छलकी जाने कितने नयनों की रस-गगरी,
वे कुंज-कदम्ब कि जिनकी ठंडी छाया में
लुट गई न जाने किस-किसके मन की नगरी!

वह 'ताज' कि जिसकी पूनोंवाली रातों में
जाने चुम्बन जाने कितनी मुमताज़ों के,
वह यमुना-तट जिसकी लहरों में बँधे हुए
आलिंगन जाने कितने शोख़ तकाज़ों के!

वे चौपालें, चौपालों के जलते अलाव
अब तक कहानियाँ जहाँ पड़ीं 'बत्तीसी' की,

चुटकुले बीरबल के, ख़ुसरो की पहेलियाँ
है अब तक जिसकी हँसी जहाँ पर हँसती-सी,

वे चरागाह जिनकी हरियाली-मखमल पर
अपने कितने बैलों की घंटी हिली-डुली,
वे बँबुरी-बन जिनके काँटों की नोकों से
जाने कितने घावों को राहत-रही मिली,

लेकिन अब उन पर चाँद नहीं मुस्कायेगा
अब नहीं सजेगी वहाँ सितारों की चोली,
कूकते जहाँ कोयल न कभी थक पाती थी
गूँजेगी सिर्फ़ वहाँ अब ख़ून भरी गोली!

वे याद मदरसे होंगे, जिनके टाटों पर
जाने कितने टैगोर बैठकर पढ़ आए,
भूली तो होंगी नहीं पाठशालाएँ वे
उपनिषद न जिनकी याद 'कौमुदी' कर पाये!

वह ज्ञान मगर होगा अब घूरे की ढेरी,
वे छप्पर, वे खपरैलें धुआँ उड़ाएँगी,
टैगोर-गोर्की-तुलसी की कविताएँ
पथ पर दो दो दानों को कर फैलाएँगी!

हाँ, यह अपना छोटा-सा तुलसी का बिरवा
जिस पर घर की हर चूड़ी अर्घ्य चढ़ाती है,
वह सैयद का आला जिस जगह कि हर मुश्किल
दो-चार बताशों में बस हल हो जाती है,

वे मन्दिर-मस्जिद, गिरजेघर, वे देवालय
जो युग-युग की विश्वास-भावना के प्रतीक
इंजील, क़ुरान, बाइबिल, गीता-रामायण
जो लिये जा रहे संस्कृति का रथ लीक-लीक

उन सब पर बुरी निगाह आज है दुश्मन की
उन सब पर आग बिछाने का उसका मन है,
रह जाए मानवता का नाम न शेष कहीं
ऐसा सैलाब बुलाने का उसका मन है!

वह जो पहाड़ पर खड़ा आँधियों को थामे
वह जो समुन्दरों को बाँहों में झुला रहा,
वह जो विधवा चट्टानों की भर रहा माँग,
वह जो रेगिस्तानों को पानी पिला रहा,

वह जो जवानियों पर उबाल बनकर छाया,
वह जो शिशु के हाथों का दही-बताशा है,
जल रहा द्वार की दीवट पर जो बन चिराग़
जो जग के सब इतिहासों की परिभाषा है,

कर रही अजन्ता पूजा जिसकी छेनी की
यह ताजमहल जिसके हाथों का दर्पण है,
यह कुतुब-लाट जिसकी उँगली की करामात,
यह पिरामिडों का घर जिसका तन-रजकण है,

वह जो सितार का तार, बहारों की बहार,
वह जो कलियों-फूलों का जादू-टोना है,
वह जो बगिया का बौर, कौर सबके मुँह का,
वह जो रातों में चाँदी, दिन में सोना है,

वह जो बचपन का बचपन, यौवन का यौवन,
वह जो सिंदूर-संगीत गीत है पायल का,
वह जो चुनरी का रंग, उमंगों का उभार,
वह जो नयनों की लाज, स्वप्न है काजल का!

वह जो मुसकरा रहा गेहूँ की बालों में,
वह जो उड़ रहा धुआँ बनकर चिमनीघर से,

वह जो खींच रहा नदी की जलवाली साड़ी,
वह छीन रहा जो मोती लहरों के कर से,

वह जिसके पैरों की परछाईं है ज़मीन,
वह जिसका चौड़ा-सा माथा है वह अकाश
वह जिसकी दसों उँगलियाँ दसों दिशाएँ हैं,
वह जिसका हँसना सृजन, क्रुद्ध होना विनाश,

मुसकानों वाला चन्दा जिसका कंठहार,
लपटोंवाला सूरज जिसका सिंहासन है,
बूँदोंवाला बादल जिसका तन-नीर-चीर,
अक्षत फूलोंवाला जिसका घर-आँगन है,

उस श्रम को, उस मानव के पुण्य पसीने को
दानव ने लेकर बम्ब हाथ ललकारा है,
सदियों की संस्कृति पर, सदियों के गौरव पर
लाशें बटोरनेवाला हाथ पसारा है!

लेकिन घरबाने की है बात नहीं, साथी!
एशिया धधकते हुए पहाड़ों का घर है,
है सर्द चीन के हाथ उधर दौज का चाँद
इस ओर हिमालय की मुट्ठी में दिनकर है!

धुँधलाए फिर न कभी रोशनी चिराग़ों की
मुरझाए फिर न कभी मिट्टी की शहज़ादी
कजलाए फिर न कभी नथ नागासाकी की,
कुम्हलाए फिर न कभी हिरोशिमा की वादी,

फिर हवा कराहे नहीं घाव-नासूरों से
फिर महामारी-क्षण ख़ून न चूसें गलियों का,
फिर फूलों की फसलों में फैले नहीं ज़हर
फिर पथ पर जाकर बिके न कुंकुम कलियों का,

यह हँसते खेत रहें, मुसकाते बाग़ रहें
यह तानें रहें झूलती मेघ मल्हारों की,
यह सुबह रचाए रहे महावर इसी तरह,
यह रात सजे यूँ ही बारात सितारों की,

ऐसे ही घट छलके, ऐसे ही रस ढुलके,
ऐसे ही तन डोले, ऐसे ही मन डोले,
ऐसी ही चितवन हो, ऐसी ही चितचोरी
ऐसे ही भँवरा भ्रमें कली घूँघट खोले,

ऐसे ही ढोलक बजे, मँजीरे झंकारें,
ऐसे ही हँसे झुनझुने, बाजें पैंजनियाँ,
ऐसे ही झुमके झूमें, चूमें गाल बाल,
ऐसे ही हों सोहरें लोरियाँ रस-बतियाँ,

ऐसे ही बदली छाए, कजली अकुलाए,
ऐसे ही बिरहा-बोल सुनाए साँवरिया,
ऐसे ही होली जले, दिवाली मुसकाए,
ऐसे ही खिले-फले-हरियाए हर बग़िया,

ऐसे ही चूल्हे जलें, राख यह रहे गरम,
ऐसे ही भोग लगाते रहें महाबीरा,
ऐसे ही उबले दाल बटोई उफनाए,
ऐसे ही चक्की पर गाए घर की मीरा,

इसलिए शपथ है तुम्हें तुम्हारे ही सर की
जिस रोज़ एशिया पर कोई बादल छाए,
वह शीश तुम्हारा ही हो सबसे पहले
दुश्मन के हाथों की रफ्तार मोड़ आए!!

अहं की कारा

मेरे ताले की कुंजी कहीं खो गई है,
और ज़िन्दगी एक छोटे से कमरे में बन्द हो गई है।
वैसे यहाँ कोई मुझे कष्ट नहीं,
सभी आराम है,
रेशमी रज़ाई है,
गुदगुदा बिस्तर है,
साफ़-सुथरा फर्श है,
लिपी-पुती पक्की दीवारें हैं (चोरों का डर नहीं)
खिड़कियाँ हैं,
रोशनदान हैं,
हवा भी आती है,
कभी-कभी बाहर की धूप झाँक जाती है,
लेकिन एक बात है :
और वह यह कि मेरी बहुत बड़ी दुनिया अब बहुत छोटी हो गई है,
क्योंकि मेरे ताले की कुंजी खो गई है।

दुनिया वह—
जहाँ भौंरे गाते हैं,
पत्ते गुनगुनाते हैं,
फूल मुसकराते हैं,
सुबह-शाम सूरज-चाँद आरती सजाते हैं,

दुनिया वह—
जहाँ हवा पेड़ों पे झूला झूल जाती है,
बादल की आँख नदी बनकर डबडबाती है,

केसर की क्यारी झूम तालियाँ बजाती है,

दुनिया वह—
जहाँ अन्नदाता के बैल हैं,
हल हैं,
खुरपी है, कुदाली है,
श्रम की दीवाली है।

दुनिया वह—
जहाँ ढीठ कोयल की कूक है,
पपीहे की हूक है,
सबके दिलों में एक प्यार की भूख है,
कजली की कसक जहाँ जगती है,
बिरहा की बहक जहाँ लगती है,
साँसों के सरगम में बाँसुरी-सी बजती है।

दुनिया वह—
जहाँ हवा-पानी की गुन-गुन है,
कलियों की कुनमुन है,
माटी की रुनझुन है,
बग़िया के राधा कन्हाई की अनबन है।

दुनिाय वह—
जहाँ भीड़-मेला है,
मोटर-बसों का सैलाब-जैसा रेला है,
बम-बन्दूकों की चर्चा है,
ख़बरों-अख़बारों की बरखा है,
डलेस की युद्ध-नीति, नेहरू की शान्ति-नीति, गाँधी का चरखा है,
यह सारी दुनिया, जो सचमुच ही दुनिया है,
आज मेरे लिए सिर्फ़, मेरे दरवाज़े ही क़फन ओढ़ सो गई है।
क्योंकि मेरे ताले की कुँजी कहीं खो गई है।

किसको बुलाऊँ मैं?

भीतर से बन्द हूँ, बाहर से ताला यह कैसे खुलवाऊँ मैं?
अपने हाथ गढ़ी हुई कारा यह कैसे जलाऊँ मैं?
तो फिर क्या ऐसे ही बन्द मुझे रहना है?
अपना अकेलापन पड़े-पड़े सहना है,
अधजली सिगरेट-सा इसी तरह दहना है?
नहीं, नहीं...यह सब असम्भव है,
बाहर जो हलचल है, उसके लिए सभी कुछ सम्भव है।
सूरज निकलने की देर है,
अबेर है,
नहीं अँधेर है,
भीड़ जब आएगी,
कुंडी खटखटाएगी,
द्वार बन्द पाएगी तो रोष में हो आएगी!
तब यह प्राचीर एक छिन में टूट जाएगी।
फिर एक ताला नहीं,
लाख-लाख ताले खुल जाएँगे,
तन-मन के किवाड़ जिनमें कालिख लगी है ख़ुद-ब-ख़ुद धुल जाएँगे,
जनम-जनम के छुटे मीत जिल जाएँगे,
और यह कमरा तब आँगन बन जाएगा,
होगी दीवार न तो आँगन यह त्रिभुवन बन जाएगा।
फिर न किसी ताले या कुंजी की खोज होगी,
होली दीवाली रोज़-रोज़ होगी,
यानी पूर्णमासी यह दौज होगी।
तब न कोई छोटा और बड़ा होगा,
तब न कोई बैठा और खड़ा होगा,
दीपक की बाहों में सूरज जड़ा होगा।
आज मगर ताले की कुंजी कहीं खो गई है
इसीलिए सपनों की रात मेरा आँचल भिगो गई है,
और चार ईंटों में साँस दफन हो गई है,
क्योंकि मेरे ताले की कुँजी कहीं खो गई है।

सभ्यता कहाँ आ गई...

सभ्यता कहाँ आ गई? कहाँ है खड़ा विश्व?
जा रहा है किधर गति-रथ विज्ञान-कलाओं का?
किस दिशि उन्मुख इतिहास? दे रहा यह विकास?
क्या शोर समय का है? क्या ज़ोर हवाओं का?

क्या यही सभ्यता का वह सुन्दर सुखद स्वर्ग
है पड़ा जहाँ पग-पग पर मुर्दों का पड़ाव,
बिक रहा जहाँ नारीत्व रजत के टुकड़ों पर
फूलों के शव पर जहाँ शृंगालों का जमाव?

क्या यही कला की चिर अनमोल अजन्ता है
मकड़ी-मकड़ों ने जहाँ तान रक्खे जाले,
घोंसले बने हैं जहाँ उलूकों-गिद्धों के
अजर, बिच्छू, साँपों के जहाँ बोल बाले?

यह जलते महल-मकान, तड़पते गली-गाँव,
यह भूख, भुखमरी, सूखा, बाढ़, अकाल-त्रास,
यह ध्वस्त धरा, यह बम्ब धुएँ से घायल नभ,
विज्ञान इसी को कहता क्या मानव विकास?

सम्मुख लहराता है शोणित का अतत सिन्धु
इतिहास यहीं तक बस क्या चल आया है?
मानव मानव के बीच घृणा बन्दूकें
क्या यही प्रगति अब तक मज़हब कर पाया है?

बाइबिल के स्वर्ण पर गोली के अक्षर
क्या क्राइस्ट, शेक्सपियर, शेली का यही देश?
कर में ऐटम, मस्तक में युद्धों के नक्शे,
लिंकन, वाशिंगटन, इलियट का क्या यही वेश?

क्या वाल्मीकि का यही तपोवन पावन है
सीता की साड़ी जहाँ उतार रहा सोना?
क्या यही सूर का वृन्दावन मनभावन है
राधा से जहाँ ज़माना करता अनहोना?

गाँधी का देश यही? सुभाष की यही भूमि
है क़ैद जहाँ आज़ादी सेफ़ तिजोरी में?
वेदों-उपनिषदों गीता का क्या यही मर्म
हो जाय आदमी बन्द नाज की बोरी में?

मैं सोच रहा हूँ इस गति से चलकर ज़मीन
किस ओर आदमी की क़िस्मत ले जाएगी?
ऐसे ही गर विज्ञान चाटता रहा लहू
दुनिया सारी कितने दिन खैर मनाएगी?

करती है जब विद्रोह प्रकृति होकर अधीर
आदमी स्वयं तब अपनी मौत बुलाता है
जब बल अजमाता है निज पौरुष निर्बल पर
तब उसका ही निर्माण उसे खा जाता है।

अब भी है समय, नहीं कुछ ज़्यादा देर हुई
लोहे के ये बोझीले वस्त्र उतारो तुम,
आँखों से यह सोने का सुरमा दूर करो
ले प्यार आँख में भू की ओर निहारो तुम!

सारे कंठों में एक साथ मिलकर गाओ
वह गीत कि जो सबके गीतों को गाता है,
जिसकी लय तान अमर है, कभी न टूटी है,
वह गीत—जिसे जग कहता धरती माता है!

अब युद्ध नहीं होगा...

मैं सोच रहा हूँ अगर तीसरा युद्ध छिड़ा,
इस नई सुबह की नई फ़सल का क्या होगा,
मैं सोच रहा हूँ गर ज़मीन पर उगा ख़ून,
मासूम हलों की चहल-पहल का क्या होगा?

यह हँसते हुए गुलाब, महकते हुए चमन,
जादू बिखराती हुई रूप की यह कलियाँ,
यह मस्त झूमती हुई बालियाँ धानों की,
यह शोख़, सजल, शरमाती गेहूँ की गलियाँ।

गदराते हुए अनारों की यह मन्द हँसी,
यह पेंगे बढ़ा-बढ़ा अमियों का इठलाना,
यह नदियों का लहरों के बाल खोल चलना,
यह पानी के सितार पर झरनों का गाना।

मैनाओं की नटखटी, ढिठाई तोतों की,
यह शोर मोर का, भौंर भृंग की यह गुनगुन,
बिजली की कड़क तड़क, बदली की चटक-मटक,
यह जोत जुगुनुओं की, यह झींगुर का झुनझुन।

किलकारी भरते हुए दूध से यह बच्चे,
निर्भीक उछलती हुई जवानों की टोली,
रति को शरमाती हुई चाँद-सी यह शक्लें,
संगीत चुराती हुई पायलों की बोली।

आल्हा की यह ललकार, थाप यह ढोलक की,
सूरा मीरा की सीख, कबीरा की बानी,
पनघट पर चपल गगरियों की यह छेड़छाड़,
राधा की कान्हा से गुप-चुप आनाकानी।

क्या इस सब पर खामोशी मौत बिछा देगी,
क्या धुन्ध-धुआँ बनकर सब जग रह जाएगा?
क्या कूकेगी कोयलिया कभी न बगिया में,
क्या पपिहा फिर न पिया को पास बुलाएगा?

मैं सोच रहा युग जो इतिहास लिख रहा है,
क्या रक्त घुलेगा उसकी सादी स्याही में?
क्या लाशों के पहाड़ पर सूरज उतारेगा?
क्या चाँद सिसकियाँ लेगा ध्वंस-तबाही में?

क्या खिज़ां चाट लेगी शबाब इन फूलों का,
क्या धूप अँधेरे की दासी हो जाएगी,
क्या क्रान्ति पहन लेगी जंजीरें सोने की?
क्या शान्ति मरघटों में छिपकर सो जाएगी?

क्या पी जाएगा रेगिस्तान नर्मदा को,
क्या गंगा का सैलाब भाप बन जाएगा?
झुक जाएगा क्या शीश हिमालय योगी का,
विन्ध्याचल में पतझर दुबारा आएगा?

मैं सोच रहा—जो फूल रहा खेतों में उस—
बचपन को गोद मिलेगी क्या संगीनों की?
मिटकर मिट्टी के सर पर जो धर रहा ताज
उस श्रम को उम्र मिलेगी टैंक मशीनों की?

जो अभी-अभी सिन्दूर दिये घर आई है
जिसके हाथों की मेंहदी अब तक गीली है,

घूँघट के बाहर आ न सकी है अभी लाज,
हल्दी से जिसकी चूनर अब तक पीली है,

क्या यह अपनी लाड़ली बहन साड़ी उतार,
जाकर बेचेगी निज चूड़ियाँ बाज़ारों में?
जिसकी छाती से फूटा है मातृत्व अभी,
वह माँ क्या दफ़नाएगी दूध मज़ारों में!

क्या गोली की बौछार मिलेगी सावन की,
क्या डालेगा विनाश झूला अमराई में?
क्या उपवन की डालों में फूलेंगे अँगार,
क्या घृणा बजेगी भौरों की शहनाई में?

असहाय बुढ़ापा तड़पेगा क्या मरघट में,
बारूद करेगी क्या शृंगार जवानी का?
क्या मानवता पर विजयी दानवता होगी,
क्या होगा अन्त पुराना नई कहानी का?

चाणक्य, मार्क्स, एंजिल, लेनिन, गाँधी, सुभाष,
सदियाँ जिनकी आवाज़ों को दुहराती हैं,
तुलसी, वर्जिल, होमर, गोर्की, शाह, मिल्टन,
चट्टानें जिनके गीत अभी तक गाती हैं,

मैं सोच रहा क्या उनकी कलम न जाएगी,
जब झोंपड़ियों में आग लगाई जाएगी
करवटें न बदलेंगी क्या उनकी कब्रें जब—
उनकी बेटी भूखी पथ पर सो जाएगी?

जब घायल सीना लिये एशिया तड़पेगा,
तब बालमीक का धैर्य न कैसे डोलेगा?
भूखी क़ुरान की आयत जब दम तोड़ेगी,
तब क्या ख़ून फिरदौसी का कुछ बोलेगा!

सुन्दरता की नग्न लाश सड़ेगी सडकों पर,
साहित्य पड़ा महलों में कैसे सोएगा?
जब क़ैद तिजोरी में रोटी हो जाएगी
तब क्रान्ति-बीज कैसे न पसीना बोएगा?

हँसिये की जंग़ छुड़ाने में रत है किसान,
है नई नोक दे रहा मजूर कुदाली को
नभ बसा रहा है नये सितारों की बस्ती
भू लिये गोद में नये ख़ून की लाली को।

बढ़ चुका बहुत आगे रथ अब निर्माणों का
बम्बों के दलदल से अवरुद्ध नहीं होगा,
है शान्ति शहीदों का पड़ाव हर मंज़िल पर
अब युद्ध नहीं होगा, अब युद्ध नहीं होगा।

दोहे

आत्मा के सौन्दर्य का, शब्द रूप है काव्य,
मानव होना भाग्य है, कवि होना सौभाग्य।

गणपति महिमा आपकी, सचमुच बहुत उदार,
तुम्हें डूबोते हर बरस, उनको करते पार।

अपनी भाषा के बिना, राष्ट्र न बनता राष्ट्र,
बसे वहाँ महाराष्ट्र या, रहे वहाँ सौराष्ट्र।

फल तेरे हाथों नहीं, कर्म है तेरे हाथ,
करता चल सत्कर्म तू, सोच न फल की बात।

लोभ न जाने दान को, क्रोध न जाने ज्ञान,
हो दोनों से मुक्ति जब, हो अपनी पहचान।

सभी अकेले हैं यहाँ, आम हो चाहे खास,
सबको ढोना है स्वयं, अपना अपना क्रास।

मित्रो तुम हर पल जियो, अन्तिम ही पल मान,
अन्तिम पल है कौन-सा, कौन सका है जान।

अहंकार से व्यक्ति का, ज्ञान-विवेक नसाय,
टिड्डी दल ज्यों खेत की, पकी फसल है खाय।

दुनिया में सबसे बड़ा, है वो ही अज्ञान,
जिसको अपने दोष की, हो न कभी पहचान।

मन से बढकर है नहीं, दुश्मन जग में कोय,
इसे जीत ले जो वही, प्राणी सुख से सोय।

शाहों का वह शाह है, जिसे न कोई चाह,
है तेरी गर चाह तो, तेरे दुख की राह।

दुनिया के बाजार का, है अजीब व्यापार,
खरीदार आकर यहाँ, बिकते ख़ुद हर बार।

दिखे नहीं फिर भी रहे, ख़ुशबू जैसे साथ,
वैसे ही परमात्मा, संग चले दिन रात।

बाँटे निज सन्तान पर, चाहे जितना प्यार,
माँ की ममता का कभी, रिक्त न हो भंडार।

आशा जिसके पास है, सब कुछ उसके पास,
जीवन उसको दे न कुछ, जो जन हुआ निराश।

नफ़रत से मिटती नहीं, नफ़रत मेरे यार,
नफरत ख़ुद मर जाएगी, बाँटें यदि हम प्यार।

अद्भुत इस गणतन्त्र के, अद्भुत हैं षड्यन्त्र,
सन्त पड़े हैं जेल में, डाकू फिरें स्वतन्त्र।

निष्क्रिय कर देता हमें, बहुत अधिक आराम,
जैसे पकने पर अधिक, सड़ जाता है आम।

प्रेम सृष्टि का हेतु है, प्रेम विकास विधान,
बिना प्रेम संसार तो, है बस इक शमशान।

यहाँ ज्ञान है नाम पर, मिले सिर्फ़ अज्ञान,
विद्यालय जो बन गये, बनिये की दूकान।

अब कविता के नाम पर, सुनो चुटकुले यार,
कवि सम्मेलन बन गये, भाँड़ों के दरबार।

कर्ज़ न देना मित्र को, ये है ठीक न काम,
हाथ से जाए मित्र अरु, गाँठ के जाएँ दाम।

नहीं ज़िन्दगी से बड़ी, पुस्तक कोई एक,
पढ़े बिना इसको नहीं, मिलता सही विवेक।

धन की अन्धी दौड़ में, दौड़ा यूँ संसार,
हर दफ्तर हर इक जगह, फैला भ्रष्टाचार।

तीन इंच की जीभ की, है अति घातक मार,
छैः फुट का मानव मरे, बिना तीर तलवार।

जितने ही होते गये, ऊँचे यहाँ मकान,
उतने ही होते गये, छोटे सब इनसान।

रिश्वत लेकर है फँसा, रिश्वत देकर छूट,
पैसा मुँह पर मारकर, सच को कर दे झूठ।

राजनीति खुलकर करे, नित ऐसे षड्यन्त्र,
लोकतन्त्र है बन गया, एक माफिया तन्त्र।

तीरथ क्या करता फिरे, कर कुछ अच्छे काम,
नीयत तेरी साफ तो, पग पग चारों धाम।

बिना रीढ़ के लोग अब, हमें सिखाएँ योग,
कहें इसे हम शाप या, कहें राष्ट्र का रोग।

तुम जैसा हो चाहते, अपने प्रति व्यवहार,
वही करो तुम अन्य से, यही धर्म का सार।

निजी आत्मा बेचकर, अगर मिले सम्मान,
तो ऐसे सम्मान से, अच्छा है अपमान।

गर्मी के कारण हुई, इतनी प्यास अधीर,
सारी नदियाँ पी गईं, ख़ुद ही अपना नीर।

❑ ❑ ❑

परिशिष्ट

गोपालदास नीरज : जीवन-वृत्त

जन्म : 4 जनवरी 1925, ग्राम पुरावली, जिला इटावा (उ.प्र.)।

शिक्षा : एम.ए. (हिन्दी), पी-एच.डी., डी.ए.वी. कॉलेज, कानपुर।

1942 से 1974 तक अनेक सरकारी-ग़ैरसरकारी कार्यालयों में नौकरी। 1955 से 1970 तक मेरठ कॉलेज, मेरठ तथा धर्म समाज कॉलेज, अलीगढ़ में लेक्चरर रहे। 1970 से स्वतन्त्र लेखन। सम्प्रति : कुलाधिपति, मंगलायतन विश्वविद्यालय, अलीगढ़।

प्रकाशित कृतियाँ : नदी किनारे (पूर्वनाम—संघर्ष), लहर पुकारे (पूर्वनाम— अन्तर्ध्वनि), बादर बरस गयो (पूर्वनाम—विभावरी), प्राण गीत, दर्द दिया है, नीरज की पाती, दो गीत, मुक्तकी, आसावरी, गीत-अगीत, नीरज की गीतिकायें, वंशी वट सूना है, नीरज रचनावली (तीन खण्ड), नीरज दोहावली, नीरज ज्योतिष दोहावली, शुक नाड़ी ज्योतिष दोहावली, नीरज के प्रेमगीत, बादलों से सलाम लेता हूँ, कुछ दोहे नीरज के, कारवाँ गुज़र गया, तुम्हारे लिये, फिर दीप जलेगा, गीत जो गाये नहीं, लोकप्रिय गीतकार नीरज, आधुनिक हिन्दी कवि नीरज, पन्त : कला, काव्य और दर्शन, नील पंखी ('ब्ल्यू वर्ड' का हिन्दी अनुवाद), लिख लिख पाती भेजत, आज के लोकप्रिय हिन्दी कवि : 'नीरज' (सम्पादक : क्षेमचन्द्र सुमन), हमारे लोकप्रिय गीतकार गोपालदास नीरज (सम्पादक : शेरजंग गर्ग)।

सम्पादन : लय (त्रैमासिक), हिन्दी रुबाइयाँ, हिन्दी के शृंगार गीत, गीतकार बच्चन : यात्री अग्निपथ का, हिन्दी के विरह गीत।

अलंकरण : पद्मश्री (1991), पद्मभूषण (2007), साहित्य वाचस्पति (1991), हिन्दी साहित्य सम्मेलन, प्रयाग से साहित्य वाचस्पति (1995, विक्रमशिला हिन्दी विद्यापीठ)। डी.लिट. की मानद उपाधि—क्रमशः

डॉ. बी.आर. अम्बेडकर विश्वविद्यालय, आगरा (1996) तथा लखनऊ विश्वविद्यालय (2007)। यशभारती (1994), उ.प्र. शासन से भारतभारती सम्मान (2013), सर्वश्रेष्ठ गीतकार का फ़िल्म फेयर अवार्ड (1961), आलमी उर्दू कान्फ्रेंस का अवार्ड (1981), हिन्दी गौरव सम्मान (2004)। इसके अतिरिक्ति गीतगंधर्व, गीतसम्राट, गीतकौस्तुभ, गीतऋषि, धरतीतिलक जैसी अनेक उपाधियों से विभूषित।

विदेशों में काव्यपाठ : सांस्कृतिक शिष्ट मंडल के सदस्य के रूप में नेपाल में काव्यपाठ, अमेरिका और कनाडा में दस प्रमुख नगरों में काव्यपाठ (1973), यू.के. के अनेक नगरों में काव्यपाठ (1993), मैनचेस्टर की संस्था 'अहिंसम' के आमन्त्रण पर 1994-95 में पुनः काव्यपाठ। 1996 में आस्ट्रेलिया के चार प्रमुख नगरों में काव्यपाठ।

शोध और मूल्यांकन : नीरज काव्य का विकासात्मक अध्ययन (रमाशंकर पांडे), गीतकार नीरज (श्रीमती सी. बसन्ता), नीरज : सृष्टि और दृष्टि (श्रीमती कल्याणी जैन), नीरज काव्य में जीवन-दर्शन (श्रीमती अरुणा)। विभिन्न विश्वविद्यालयों में नीरज पर शोधकार्य।

फ़िल्मी लेखन : फ़िल्म जगत में पाँच वर्षीय सक्रियता के दौरान प्रख्यात संगीतकारों—रोशन, शंकर-जयकिशन, एस.डी. बर्मन, इकबाल कुरैशी, जयदेव, हेमन्त कुमार के साथ काम किया। अभिनेताओं में देवानन्द, राजकपूर, राजेन्द्र कुमार, मनोज कुमार आदि के लिए काम करते हुए फ़िल्मी गीत शैली को जन्म दिया। 'नई उमर की नई फसल', 'कन्यादान', 'प्रेमपुजारी', 'मेरा नाम जोकर', 'चन्दा और बिजली', 'चाचा जॉन', 'आज और कल', 'छुपा रुस्तम', 'शर्मीली', 'पहचान', 'फरेब' आदि फ़िल्मों में यादगार गीत लिखे। फ़िल्मी गीतों के इतिहास में पहली बार मुक्त छन्द कविता को गीत के रूप में प्रस्तुत करके नया इतिहास रच दिया। यह गीत था 'ऐ भाई ज़रा देख के चलो'।

पिछले लगभग छः दशक से नीरज हिन्दी काव्य-मंच के शिखर पर हैं।

सम्पर्क : जनकपुरी, मैरिस रोड, अलीगढ़-202 001
मो. 09412671777